LE GRAND LIVRE DU MERCREDI

POUR DES MERCREDIS RÉUSSIS AVEC SES MEILLEURS AMIS

LE GRAND LIVRE DU MERCREDI

POUR DES MERCREDIS RÉUSSIS AVEC SES MEILLEURS AMIS

JEUX D'INTÉRIEUR

JEUX PAPIER

JEUX DE MOTS

JEUX DE GROUPE

JEUX DE MAINS

JEUX DE PIÈCES

JEUX D'ALLUMETTES

JEUX DE FICELLE

JEUX DE DÉS

Rédaction
Benoît Delalandre

Illustrations
Zelda Zonk

Couleurs
Calire

Conception graphique et direction artistique
Anne Delalandre

Direction de la publication
Isabelle Jeuge-Maynart

Responsable d'édition
Brigitte Bouhet

Correction
Edith Zha

Fabrication
Nicolas Perrier

21, rue du Montparnasse
75006 Paris
ISBN : 978-2-03-565156-3
Imprimé en Espagne par Graficas Estella
Dépôt légal : octobre 2007
N° de projet : 10117238

Conforme à la loi n° 49956 du 16 juillet 1949 sur les publications destinées à la jeunesse.

JEUX DE DOMINOS

JEUX DE CARTES

JEUX D'EXTÉRIEUR

JEUX DE RÉCRÉ

GRANDS JEUX

JEUX DE JARDIN

JEUX D'EAU

LES COPAINS

Ils habitent le même quartier. Ils vont à la même école. Ils sont inséparables. Ils adorent jouer.
Oscar, Théo et Lilou habitent dans un immeuble tout en hauteur.
Manon habite une maison avec un jardin et un chien.
Ils se retrouvent tous les jours pour apprendre de nouveaux jeux. Parfois, ils en inventent.

Oscar

Oscar est un malin,
c'est le roi des énigmes.

Manon

Manon veut vraiment gagner,
elle est concentrée dans le jeu et
n'aime pas les tricheurs.

Théo

Théo est très costaud,
il est un peu amoureux de Lilou, alors
il est content quand elle gagne.

Lilou

Lilou court très vite.
Elle est moqueuse
et aime faire des farces.

Le chien

Le chat

Ils ne sont pas très doués
aux osselets, mais ils sont
très difficiles à attraper.

- Aujourd'hui, c'est moi qui choisis.
- On joue à… LA TORPILLE !
- Génial !
- J'suis trop fort à ça.
- J'espère qu'il ne faut pas courir.
- J'ai déjà gagné !
- Moi, j'suis avec Lilou.
- Non, c'est les garçons contre les filles !
- Alors, on va encore gagner.

JEUX PAPIER

CADAVRES EXQUIS

Il te faut

1 crayon et 1 feuille de papier par joueur

But du jeu :
fabriquer des phrases folles

Joueurs :
au moins 4

1. Chaque joueur imagine une phrase avec un nom et son article, un adjectif, un verbe, un autre nom et un autre adjectif.

2. Chacun prend une feuille de papier et un crayon. En haut de la feuille, chacun écrit le premier nom.

3. Puis chaque joueur plie le haut du papier pour cacher le mot qu'il vient d'écrire et le passe à son voisin de droite.

4. Chacun écrit alors l'adjectif sur la feuille qu'il reçoit. Puis il plie à nouveau le haut de la feuille pour cacher le mot et passe la feuille à son voisin.

5. La troisième fois, on note le verbe.

6. La quatrième fois, on note l'autre nom.

7. Et enfin, la cinquième fois, on écrit l'autre adjectif.

8. Il ne reste qu'à déplier les papiers pour découvrir les phrases composées.

CONSEIL

Vous pouvez écrire des phrases plus longues en ajoutant :
comment ?
où ?
quand ?
pourquoi ?

Ce qui pourrait donner :
Mon papa rose mange le poisson gluant la tête en l'air dans le métro chaque matin car il transpire beaucoup.

La Bataille navale

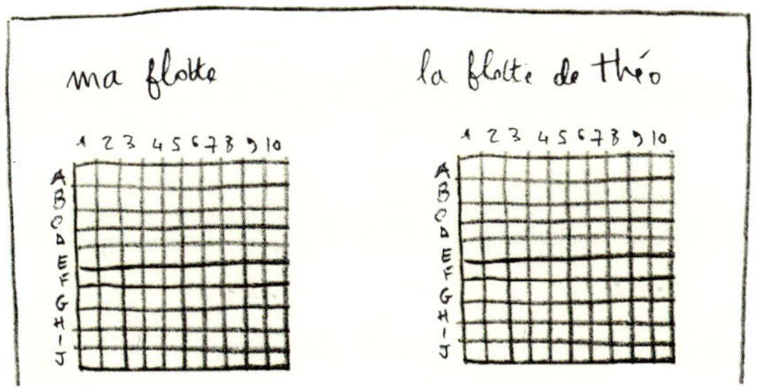

1. Chaque joueur dessine deux zones de combat.

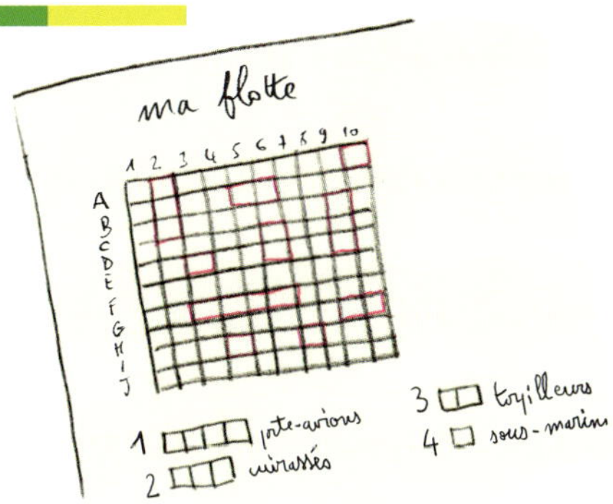

2. Sur la première zone, chacun dispose sa flotte composée d'un porte-avions, de 2 cuirassés, de 3 torpilleurs et de 4 sous-marins. Les bateaux ne doivent pas se toucher, pas même par un coin.

3. Manon est la première à « tirer » et annonce par exemple « E5 ».

4. En plein sur un sous-marin de Théo, qui annonce « coulé ». Manon marque cette jolie victoire sur sa 2e zone de combat.

5. Si c'est un torpilleur, un cuirassé ou un porte-avions, Théo annonce : « touché ».

6. Lorsque la dernière case d'un navire est touchée, l'ennemi répond « coulé ». Si le tir tombe sur une case voisine d'un navire, il répond « en vue ». Et s'il n'y a rien dans les environs, il répond : « dans l'eau ».

Il te faut

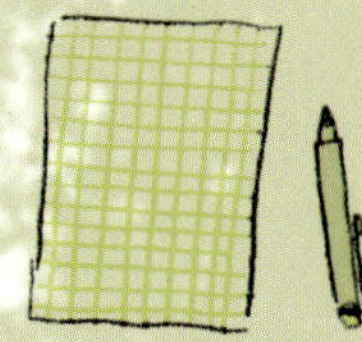

1 crayon et 1 feuille de papier quadrillé par joueur

But du jeu :
couler tous les navires de l'adversaire

Joueurs :
2

CONSEILS

Pour ta flotte : les bords et les coins sont de bons emplacements car les navires y sont mieux cachés de l'« en vue ».
Pour attaquer : tire toutes les 3 cases pour repérer tous les navires ennemis et ensuite coule-les.

JEUX PAPIER

Il te faut

1 feuille de papier
1 stylo par joueur

But du jeu :
franchir le premier
la ligne d'arrivée

Joueurs :
2 joueurs
ou plus

LE STYLO COUREUR

1. Dessine un circuit sur une feuille.

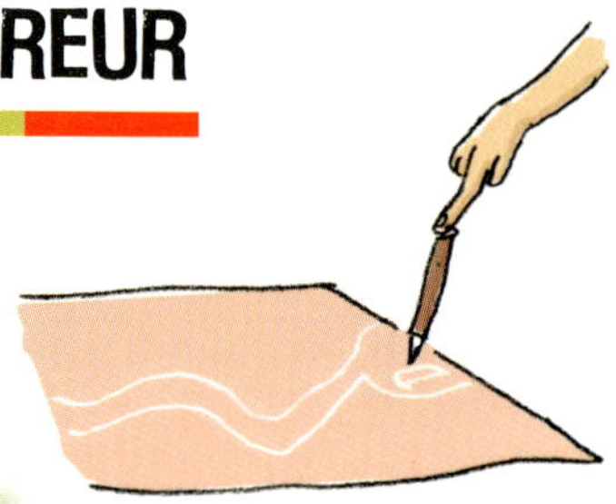

2. Place la pointe de ton stylo sur la ligne de départ, le doigt appuyé sur le stylo.

3. Penche la main doucement en arrière. La pointe du stylo dérape en avant en laissant un trait sur le papier.

4. Au premier tour, chaque joueur dérape en se plaçant sur la ligne de départ.

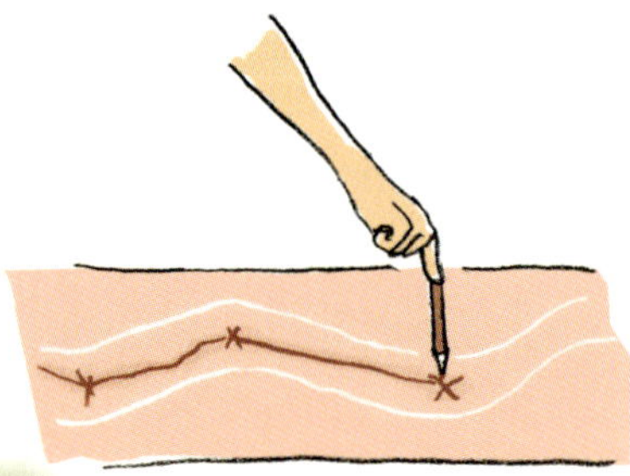

5. Puis, au tour suivant, il se replace à la fin de sa trace précédente.

6. Si tu touches le bord du circuit, ton coup est annulé.

IDÉE

Pour le circuit, tu peux t'inspirer des parcours de minigolf : le passage étroit, le double-circuit, le labyrinthe…

LE STYLO-FOOT

Les 3 joueurs de Théo piaffent devant leur cage.
Ceux de Manon font de même. C'est parti !

1. Manon commence. Pas terrible !

2. Théo fait un joli tir qui l'amène au milieu de terrain.

3. Manon engage un 2ᵉ joueur.

4. Toujours en forme, Théo s'approche dangereusement de la cage de Manon.

5. Manon décide de le « tacler », c'est-à-dire qu'elle croise le dernier trait de Théo. Une action magnifique ! Le joueur taclé retourne à son point de départ.

6. Sur sa lancée, le 2ᵉ joueur de Manon traverse la cage. But !! Manon a gagné la partie.

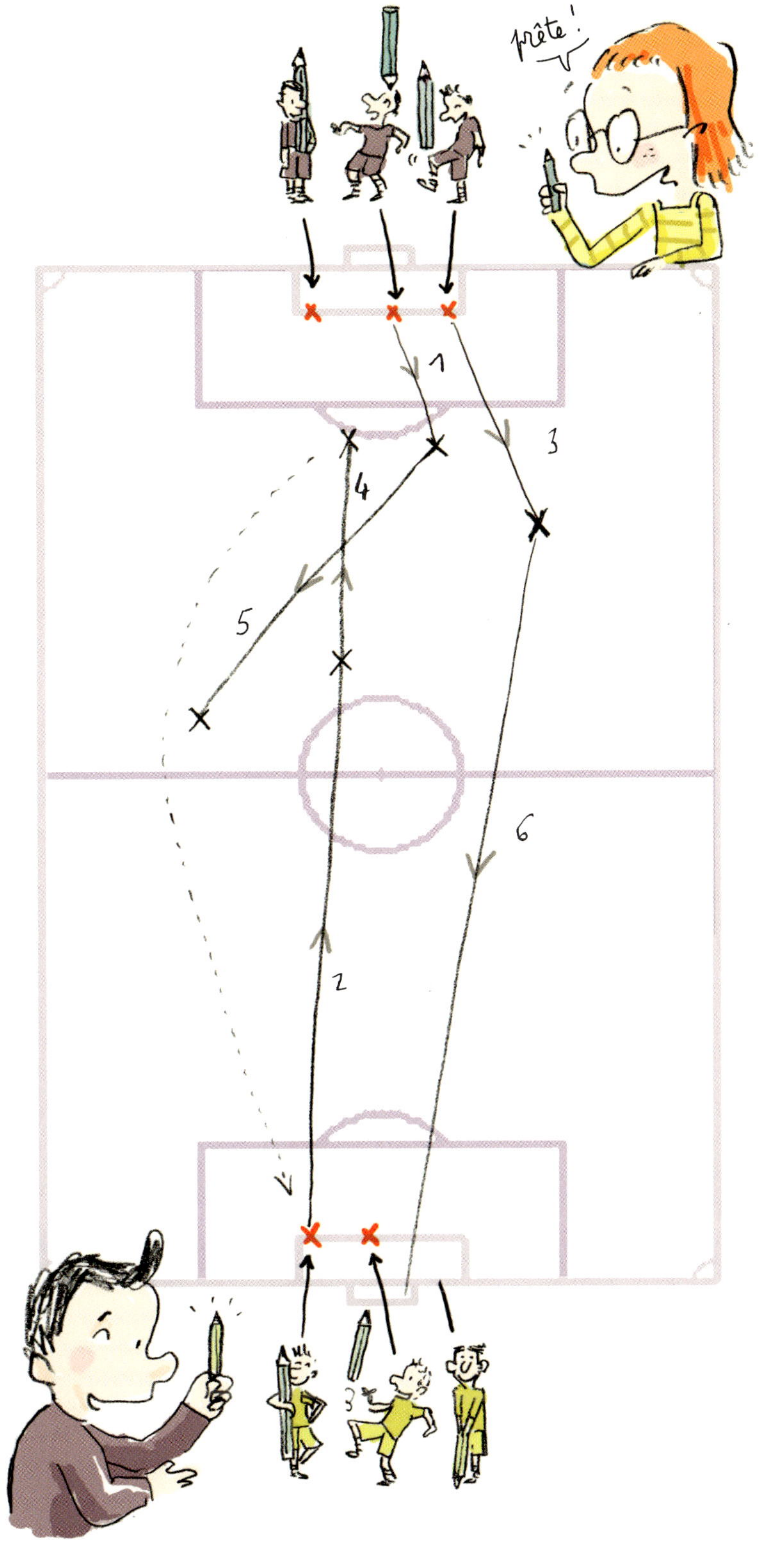

Il te faut

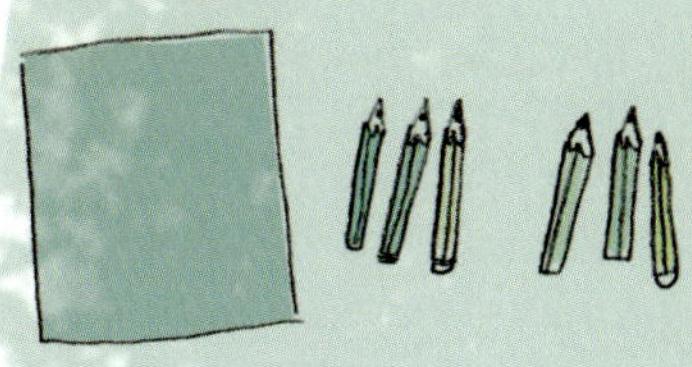

3 crayons de couleurs différentes par joueur
1 grande feuille de papier

But du jeu :
faire entrer un de ses joueurs dans le but adverse

Joueurs :
2 joueurs ou plus

TACTIQUE POUR GAGNER

Garde un joueur en défense et envoie les 2 autres en attaque. Pour éviter d'être taclé, fonce droit sur le joueur menaçant.

JEUX PAPIER

Il te faut

du papier
des crayons

But du jeu :
trouver un mot avant d'être pendu

Joueurs :
2

DEVINETTE

Buffalo Bill était un homme rusé !
Capturé par des Apaches, il se vit proposer le marché suivant :
« Tu vas nous dire une vérité. Si elle est vraie, nous te brûlerons vif ; si elle est fausse, nous te pendrons. »

Le rusé Bill s'en est sorti la vie sauve.
Mais qu'a-t-il pu dire à ces Apaches ?

Réponse :
« Je serai pendu. »

LE PENDU

1. Manon choisit un mot.
Elle écrit la première et la dernière lettre et remplace les autres par des tirets.

2. Théo propose une lettre.
Si la lettre est contenue dans le mot, Manon la place sur son tiret.

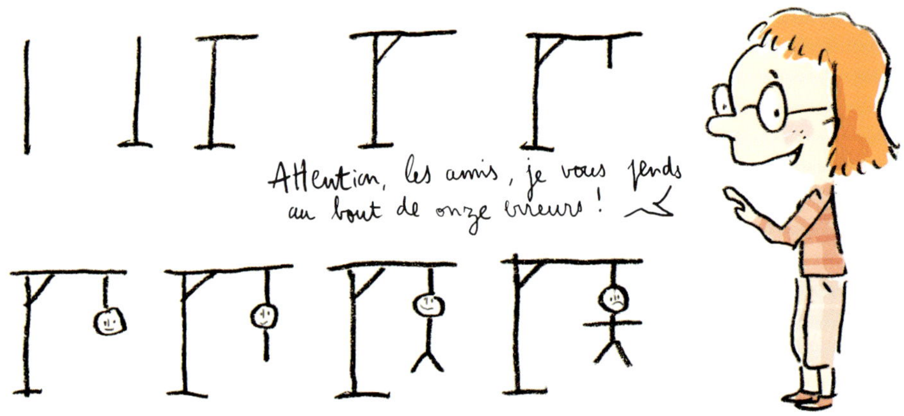

3. Sinon, elle trace le premier trait de la potence.

4. La potence est faite de 11 traits. Donc, à la 11e erreur, Théo est pendu.

5. Mais s'il trouve le mot de Manon avant d'être pendu, il a gagné.

6. C'est au tour de Théo de choisir un mot.

Petits carrés

Il te faut
du papier quadrillé
des stylos
de couleurs
différentes

But du jeu :
tracer le plus grand
nombre de carrés
en empêchant son
adversaire d'en faire
autant

Joueurs :
2

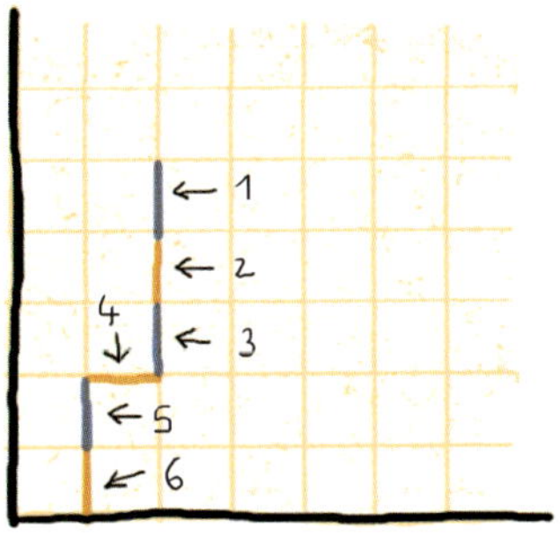

1. Sur une feuille quadrillée, trace un carré de 10 x 10 cases.

2. Chacun son tour, les joueurs tracent le côté d'une case.

3. Celui qui trace le dernier côté (celui qui ferme la case) gagne la case. Il la marque d'une croix de sa couleur. Et il rejoue.

4. À la fin du jeu, celui qui a le plus grand nombre de croix a gagné.

Combien y a-t-il de carrés dans cette grille ?

Solution : 30 (16 carrés de 1 case x 1 case ; 9 carrés de 2 cases x 2 cases ; 4 carrés de 3 cases x 3 cases et 1 carré de 4 cases x 4 cases)

JEUX DE MOTS

Il te faut

1 feuille par joueur
des crayons

But du jeu :
être le premier
à remplir sa grille

Joueurs :
2 et plus

LE BACCALAURÉAT

Personnages célèbres	Prénoms	Métiers	Animaux	Plantes	Villes et Pays	POINTS

1. Chaque joueur écrit cette grille sur sa feuille.

Personnages célèbres	Prénoms	Mé
Charlot César C. Colomb	Céline Colin Cécile	

2. On commence par choisir une lettre : prends un livre, demande un n° de page à un autre joueur, puis la ligne et enfin le mot. La première lettre du mot trouvé sera celle du baccalauréat.

3. Chacun doit remplir chaque colonne avec 3 mots commençant par la lettre désignée. Le premier qui a terminé crie « stop » !

4. Le jeu s'arrête et on compte les points. Tout mot trouvé par plusieurs joueurs est annulé.

5. Puis on recommence avec une autre lettre.

IDÉES

On peut ajouter d'autres rubriques à la grille :
CINÉMA
(acteurs, films)
MUSIQUE
(chanteurs, groupes, morceaux)

On peut aussi tout jouer

LA VACHE QUI TACHE

1. Théo bafouille un peu, alors il prend une tache et doit recommencer.

2. À chaque erreur dans la phrase ou dans le nombre de taches, le joueur prend une tache supplémentaire. Ce qui peut donner : je suis la vache n° 2 avec 4 taches qui tachent et j'appelle la vache n° 3 avec 3 taches qui tachent.

3. Le joueur qui a 5 taches est éliminé. On joue de plus en plus vite. Le dernier a gagné.

Il te faut
pas de matériel

But du jeu :
ne pas se tacher

Joueurs :
3 et plus

BLAGUE

Manon à Lilou :
- Dis "Chourfette" 20 fois de suite

Lilou :
- Chourfette, Chourfette, Chourfette, Chourfette, Chourfette…

Manon l'interrompt :
- Avec quoi mange-t-on la soupe ?
Lilou :
- Avec une fourchette !

Manon :
- Eh non ! Avec une cuillère !

JEUX DE MOTS

Il te faut
pas de matériel

But du jeu :
se concentrer pour
ne pas se tromper

Joueurs :
au moins 3

LE BUZZ

1. Assis en cercle, les joueurs doivent compter en remplaçant les multiples de 5 par le mot « buzz ».

Celui qui se trompe est éliminé.

Variante 1

En plus des « buzz », il faut dire « fizz » lorsqu'un nombre contient un 3.
1, 2, fizz, 4, buzz...

Variante 2

Vous pouvez compliquer encore le jeu.
Ce qui pourrait donner :
Ploc, touss, fizz, 4, buzz, crac, 7...

LE DICTIONNAIRE

1. Un joueur (Théo) choisit un mot dans le dictionnaire et l'annonce aux autres : flamiche.

2. Théo écrit la bonne définition sur sa feuille : tarte aux poireaux. Les autres écrivent chacun leur propre définition du mot.

3. Théo ramasse les feuilles.

4. Il lit à voix haute toutes les définitions.

5. Chacun choisit la définition qui lui semble être la bonne. Chaque joueur marque un point si sa définition est jugée la bonne par les autres. Et un point s'il a lui-même trouvé la vraie définition.

C'est maintenant à Lilou de choisir un mot dans le dico.

Il te faut

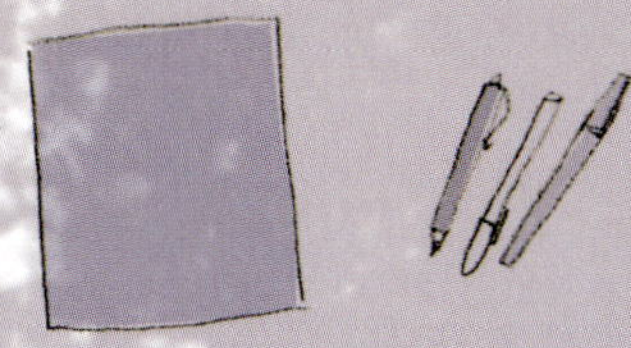

des feuilles et des crayons

But du jeu : trouver des définitions crédibles

Joueurs : 4 à 10

LES JEUX DE GROUPE

L'ASSASSIN

Il te faut
pas de matériel

But du jeu :
découvrir le meurtrier avant que celui-ci n'ait fait un carnage

Joueurs :
4 ou plus

1. Tout le monde est en cercle, assis par terre. On fait sortir un joueur (Manon) en s'assurant qu'elle ne peut rien entendre. Elle sera le détective chargé de découvrir l'assassin qui sévit dans la pièce…

2. On désigne parmi les joueurs assis en cercle celui qui sera l'assassin (le chien). Et on fait revenir le détective.

3. L'assassin tue ses victimes en leur lançant un clin d'œil discrètement.

4. Ceux qui se font tuer doivent alors se coucher par terre.

5. Le détective doit découvrir l'assassin le plus vite possible. Si le détective trouve l'assassin, l'assassin devient détective.

Variante

Le chef d'orchestre
Le détective sort. On désigne un chef d'orchestre. Dès le retour du détective, le chef d'orchestre fait un geste répétitif (par ex. se taper sur les cuisses). Tous les autres l'imitent. Dès qu'il n'est pas regardé par le détective, il change de geste et les autres l'imitent à nouveau. Le détective doit trouver qui est le chef d'orchestre.

Les Requins

La feuille de journal est un radeau perdu au milieu de l'océan.
À son bord, un naufragé plein d'espoir.
Mais voici les requins. Le pauvre naufragé voit disparaître peu à peu son radeau déchiqueté par les dents des monstres.

Il te faut

de grandes feuilles de papier journal

But du jeu : tenir le plus longtemps possible sur son radeau-journal

Joueurs : au moins 4

1. Le naufragé est à genoux ou assis sur sa feuille.

2. Les autres joueurs, les requins, tentent de s'approcher pour arracher des morceaux de journal, sans se faire toucher par le naufragé.

3. S'ils sont touchés, ils sont éliminés.

4. Si le naufragé tombe à l'eau, il se noie. (Il a perdu quand le journal est complètement déchiré.)

JEUX DE GROUPE

LES MIMES

Il te faut
pas de matériel

But du jeu :
raconter sans parler

Joueurs :
3 ou plus

1. Un des joueurs, l'acteur, doit mimer un mot : un métier, un titre de film ou tout autre mot.

2. Les autres joueurs posent des tas de questions auxquelles le joueur répond en mimant, sans parler. Celui qui trouve prend la place de l'acteur.

DE MIME EN MIME

Il te faut
pas de matériel ; plus on est nombreux, plus on s'amuse

But du jeu :
deviner le plus vite possible le mot mimé

Joueurs :
au minimum 5

1. Lilou invente un mime, une scène qui dure environ une minute.

2. Tous les joueurs sortent de la pièce sauf un : Oscar. Lilou joue son mime devant Oscar.

3. Lilou va s'asseoir. Manon entre et Oscar mime devant elle.

4. À son tour, Manon mime devant Théo.

5. Puis, c'est à Théo de mimer, mais en racontant ce qu'il est en train de jouer.

Le mime de départ s'est généralement complètement déformé et le dernier joueur mime tout autre chose.

LES AMBASSADEURS

1. Les joueurs se divisent en 2 équipes. Chaque équipe écrit un sujet à mimer pour chaque joueur de l'autre équipe.

2. Oscar va chercher son sujet dans l'autre équipe (Lilou lui souffle à l'oreille).

3. Puis il le mime devant son équipe, qui doit trouver le sujet le plus vite possible car le temps est chronométré.

4. Quand le mot est trouvé, c'est au tour de l'autre équipe, et ainsi de suite jusqu'à ce que tous les joueurs aient mimé.

5. On additionne les durées pour trouver l'équipe gagnante.

Il te faut

des feuilles
des crayons
1 montre

But du jeu :
jeu d'attention et de mémoire

Joueurs :
6 ou plus

On peut décomposer le mot comme une charade.
Par exemple : rideau.
Montre avec tes doigts le nombre de syllabes : 2.
Mime le riz (manger avec des baguettes).
Montre ton dos.

LA TABLETTE DE CHOCOLAT

Il te faut

2 dés
une tablette
de chocolat,
une fourchette,
un couteau,
une serviette,
un chapeau,
des chaussettes,
un caleçon
et des gants

But du jeu :
réussir à manger du chocolat : excitation et salivation garanties !

Joueurs :
au moins 4 pour bien s'amuser

1. Les joueurs sont assis en cercle.
Au centre du cercle : une tablette de chocolat, une fourchette, un couteau, une serviette, un chapeau, des chaussettes, un caleçon et des gants.

2. Les joueurs lancent les dés à tour de rôle.

3. Celui qui fait un 6 se précipite au centre.

4. Il doit d'abord mettre la serviette, le chapeau, les chaussettes, le caleçon et les gants.

5. Une fois habillé, il tente de couper un morceau de chocolat et de le porter à sa bouche avec la fourchette.

6. Pendant ce temps, les dés continuent de tourner et Manon sera remplacée par le prochain qui fera un 6.

LES CHAISES MUSICALES

1. Au son de la musique, les joueurs tournent autour des chaises disposées dos à dos.

2. Lorsque la musique s'arrête, tous les joueurs s'asseoient. Celui qui ne trouve pas de chaise est éliminé.

3. Il sort du jeu en emportant une chaise afin qu'il en manque toujours une. Il peut alors se charger de la sono et arrêter la musique quand il le désire.

Il te faut

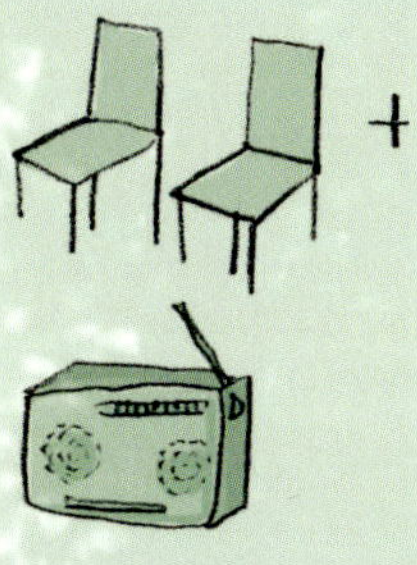

autant de chaises (ou de coussins) que de joueurs, moins une ; une sono

But du jeu : être le plus rapide à s'asseoir

Joueurs : plus on est nombreux, plus on s'amuse et plus ça dure

Ainsi de suite jusqu'à ce qu'il ne reste qu'un joueur, le grand gagnant.

JEUX DE GROUPE

Il te faut

toutes sortes d'objets

But du jeu :
s'amuser entre copains

Joueurs :
3 et plus

LE CHEVAL AVEUGLE

1. Prépare un parcours en alignant des objets sur le plancher.

2. Explique que le cheval de compétition connaît si bien son parcours d'obstacles qu'il peut le couvrir les yeux bandés.

3. Demande à un volontaire de faire le parcours en franchissant les obstacles. Afin de bien mémoriser le parcours, il peut le refaire plusieurs fois.

4. Bande-lui les yeux et retire discrètement tous les objets.

5. Le joueur avance avec précaution en essayant d'enjamber sans les toucher les obstacles qui n'existent plus. Le public l'encourage et l'applaudit.

6. Lorsqu'il retire son bandeau, il se rend compte qu'on s'est bien moqué de lui.

LA PATATE CHAUDE

Il te faut

une patate
une sono

But du jeu :
ne pas garder
la patate

Joueurs :
au moins 4

1. Assis sur des chaises ou par terre, les joueurs forment un cercle. Quand la musique commence, le premier joueur donne la patate le plus vite possible à son voisin de gauche, comme si elle était très chaude !

2. Quand la musique s'arrête, le joueur qui a la patate entre les mains est éliminé.

Variante 1

On peut aussi faire tourner deux « patates » lorsqu'on est nombreux et remplacer la musique par une chanson (ou comptine) reprise par les joueurs.

Variante 2

On peut aussi remplacer la « patate » par un réveil, ou un minuteur de cuisine, programmé pour sonner une ou deux minutes plus tard. Celui qui a le réveil entre les mains lorsque le réveil sonne est éliminé.

Les Osselets

Il te faut

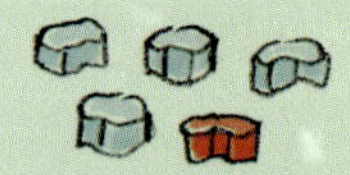

5 osselets dont
un rouge

Règle de base :
L'osselet rouge ne doit jamais tomber par terre.
On ne peut attraper les osselets blancs que lorsque l'osselet rouge est en l'air.
Un jeu à jouer par terre.

Joueurs :
illimité

1er tour

Jette les 4 osselets blancs par terre. Lance l'osselet rouge en l'air et, avant qu'il retombe, ramasse 1 blanc par terre, puis rattrape le rouge tout en gardant le blanc dans la main. Pose l'osselet blanc de côté. Recommence en ramassant un par un les 3 autres blancs.

2e tour

Jette les 4 osselets blancs par terre. Lance le rouge en l'air et, avant qu'il retombe, ramasse 2 blancs ensemble, puis rattrape le rouge, tout en gardant les 2 blancs dans la main. Fais de même pour les 2 autres blancs.

3e tour

Fais la même chose en ramassant 3 blancs à la fois, puis le dernier tout seul.

4e tour

Fais la même chose en ramassant les 4 blancs à la fois.

TRUC

Toujours en lançant le rouge, regroupe les osselets blancs avant de les saisir.

Dès que tu rates une figure, les osselets passent au joueur suivant.

LES FIGURES

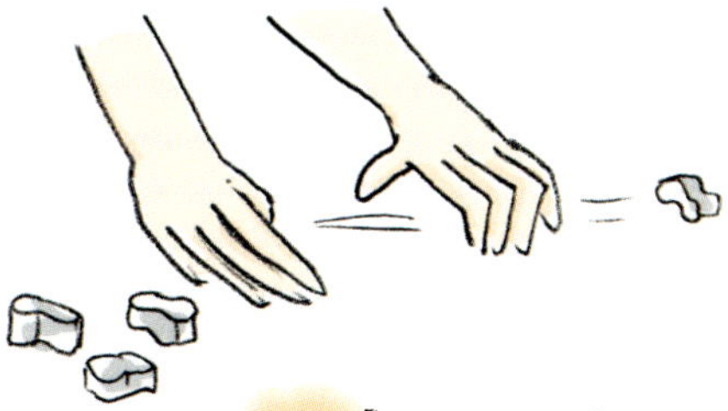

1. Le pont

Forme un pont avec l'index et le pouce. Lance le rouge et avant qu'il retombe, fais passer un blanc sous le pont avant de rattraper le rouge. Fais de même avec les 3 autres.

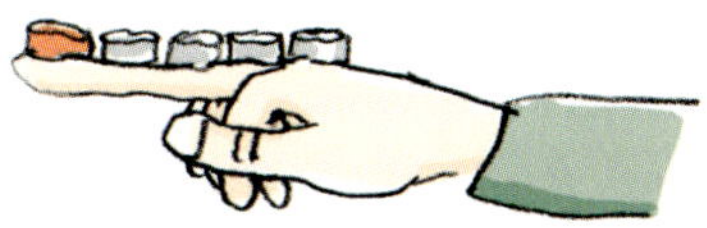

2. La cigarette

Pose les osselets sur ton majeur, le rouge près de l'ongle. Lance-les vers l'avant et rattrape le tout avec la même main.

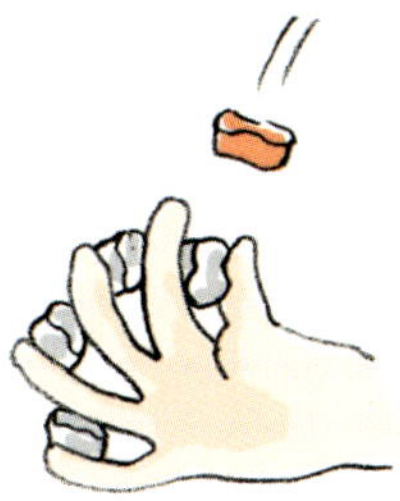

3. L'araignée

Lance le rouge. Ramasse et coince les blancs entre tes doigts.

4. Le fossé

Pose les blancs en ligne. Lance le rouge, et ramasse les 2 osselets placés en 1re et en 3e position, puis au 2e lancer, ramasse les 2 derniers.

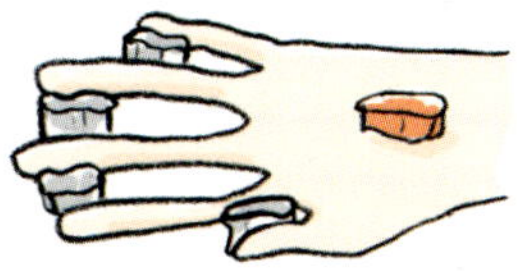

5. La pieuvre

Les blancs sont coincés entre tes doigts au niveau de la 1re phalange. Pose le rouge sur le dos de ta main. Lance le rouge et débarrasse-toi des blancs en écartant les doigts.

ASTUCE

Tu peux jouer avec toutes sortes de petits objets (coquillages, cailloux, bonbons…), pourvu qu'il y en ait un différent des autres.

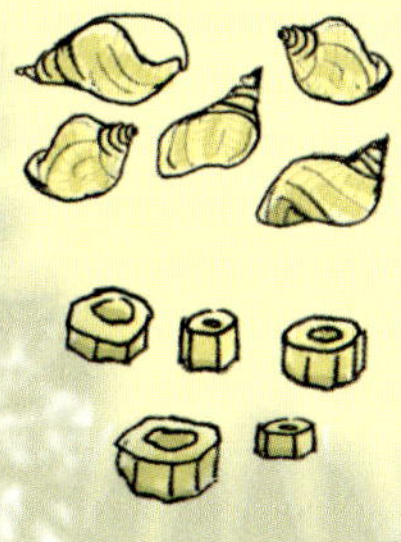

Les osselets sont de petits os du pied du mouton. Si le boucher te donne de vrais os, ils sont dégoûtants, pleins de chair et de tendons. Pose-les sur une fourmilière. Tu les retrouveras parfaitement nettoyés deux jours plus tard.

JEUX DE MAINS

Il te faut
1 ami

Joueurs :
2

Pierre-feuille-ciseaux-puits

1. Placez-vous face à face, une main dans le dos. Comptez ensemble : 1, 2, 3 !

2. Chacun donne une forme à la main qui est dans le dos. Ce peut être :

poing fermé = la pierre

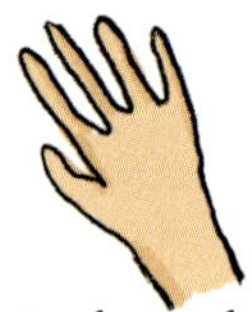

doigts écartés = la feuille

2 doigts écartés = les ciseaux

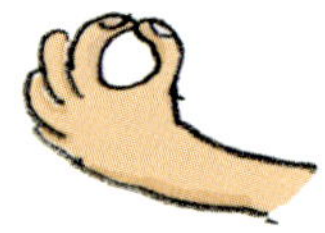

poing à moitié fermé = le puits

3. Sortez vos mains en même temps, et voyez qui est le plus fort :

Les ciseaux coupent la feuille et tombent dans le puits.

La pierre brise les ciseaux.

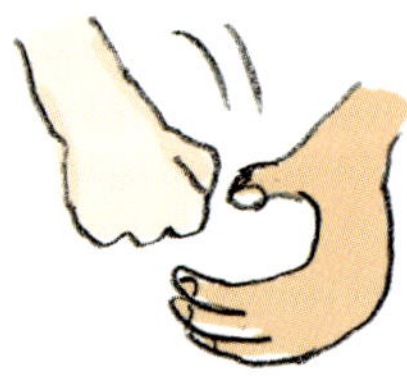

La pierre tombe dans le puits.

La feuille enveloppe la pierre et le puits.

ASTUCE
Tu remarqueras que les ciseaux et la feuille gagnent plus souvent.

Variante

On peut ajouter le “ver” (index qui bouge) : il tisse sa toile pour boucher le puits ; il mange la feuille, mais se fait écraser par la pierre et couper par les ciseaux.

MAIN CHAUDE

1. Manon, tirée au sort, s'agenouille devant la chaise et pose la tête sur le coussin. Elle tend une main en arrière. Les autres sont dos au mur.

2. Un joueur vient taper, plus ou moins fort, dans la main de Manon. Manon compte jusqu'à 3 et se retourne. Elle essaie de deviner qui l'a tapée.

3. Si elle le trouve, il prend sa place. Si elle se trompe, le jeu reprend.

Il te faut

1 chaise
1 coussin

But du jeu :
deviner qui a tapé dans la main

Joueurs :
4 et plus

Pendant la Révolution, « jouer à la main chaude » signifiait « être guillotiné » car la position du condamné ressemblait à celle du jeu.

ÉNIGME

Dispose sur une table 10 pièces de 1 euro de la manière suivante. Comment faire 2 rangées de 6 pièces en ne bougeant qu'une seule pièce ?

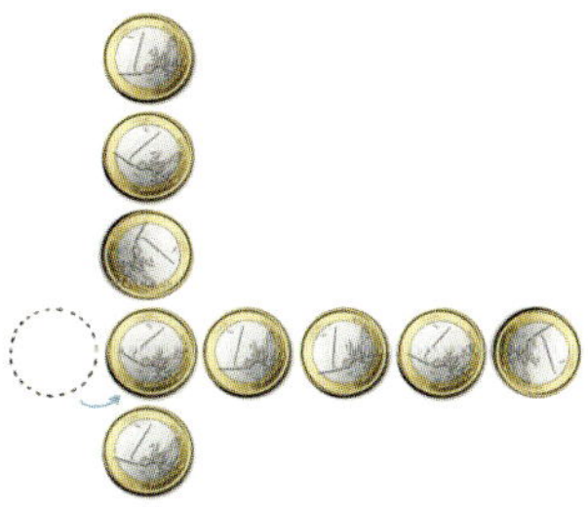

Solution : pose la pièce de gauche sur sa voisine.

JEUX DE MAINS

Il te faut

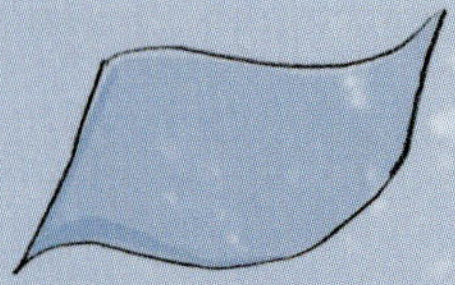

1 drap blanc
1 souce lumineuse

But du jeu :
deviner l'animal qui se cache derrière le drap

Joueurs :
2 équipes

LES OMBRES CHINOISES

MISE EN PLACE

1. Tends le drap dans l'encadrement d'une porte par exemple. Place la lampe derrière le drap. Éteins toutes les autres lumières.

2. Place-toi entre la lampe et le drap. Le public est de l'autre côté du drap.

L'ombre des animaux

3. Les joueurs se divisent en deux équipes. Chaque équipe choisit un animal à faire mimer par chaque joueur de l'autre équipe.

4. À tour de rôle, chaque joueur doit faire découvrir le plus vite possible l'animal à son équipe.

Le mime-ombre

1. Comme pour les ombres chinoises, on tend un drap blanc dans l'ouverture d'une porte.

2. On place une lampe derrière le drap et on éteint toutes les autres lumières.

3. Un joueur se place entre le drap et la lampe pour faire son mime. Il mime avec tout son corps le mot qu'il a choisi jusqu'à ce quelqu'un le devine. Il peut utiliser des accessoires ou choisir un partenaire dans l'assistance.

Il te faut

1 drap blanc
1 souce lumineuse (lampe tempête, lampe électrique...)

But du jeu :
deviner la scène mimée

Joueurs :
4 joueurs ou plus

TERRIFIANT
La nuit dans le jardin avec une lampe tempête et des mimes de monstres !

JEUX DE PIÈCES

Il te faut

6 pièces par joueur

But du jeu :
deviner le nombre de pièces à l'oreille

Joueurs :
2 à 4

COMBIEN J'AI DE SOUS ?

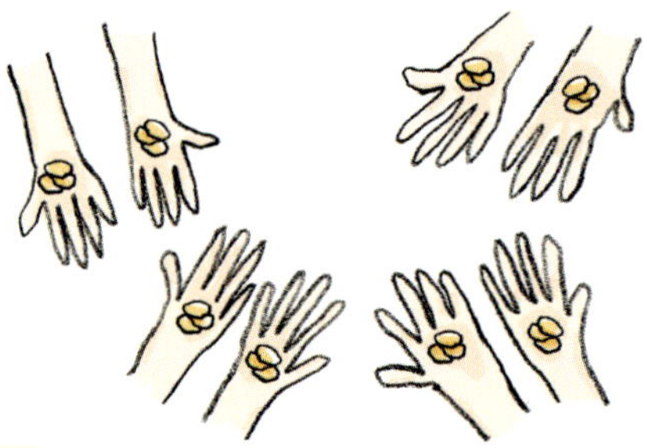

1. Chaque joueur possède 6 pièces.

2. Manon se retourne pour cacher entre ses 2 mains quelques pièces.

3. Elle se retourne vers Oscar et les secoue en chantant : « **Combien j'ai de sous dans mon p'tit sabot ?** »

4. Oscar doit deviner, au bruit, le nombre de pièces. S'il trouve le nombre juste, il gagne les pièces.

5. Sinon, il doit donner la différence à Manon.
C'est ensuite au tour d'Oscar de jouer.
Celui qui n'a plus de pièces… a perdu.

LES PIÈCES VOLANTES

1. Pose une pièce sur ton coude.

2. Déplie vivement le bras et rattrape-la au vol.

3. Recommence avec 2, 3 pièces.

Il te faut

des pièces

But du jeu : rattraper les pièces au vol

Joueurs : 2 au moins

LE PONT

1. Chacun dispose une pièce à tour de rôle de manière à former un pont.

2. C'est le principe du contre-poids. De nombreux ponts sont construits ainsi.

Il te faut

1 verre
une dizaine de pièces

But du jeu : faire en sorte que le pont ne s'écroule pas

Joueurs : 2 au moins

JEUX D'ALLUMETTES

Il te faut

1 grosse boîte d'allumettes
1 grosse bouteille vide

But du jeu :
poser toutes ses allumettes

Joueurs :
2 à 6

FAGOT-BOUTEILLE

1. Distribue le même nombre d'allumettes à chaque joueur.

2. À tour de rôle, chacun pose une allumette sur le goulot de la bouteille.

3. Celui qui fait tomber des allumettes les récupère.

4. Le gagnant est le premier qui pose toutes ses allumettes.

Énigmes

En déplaçant 3 de ces allumettes,
et sans toucher aux autres,
comment obtenir trois carrés ?

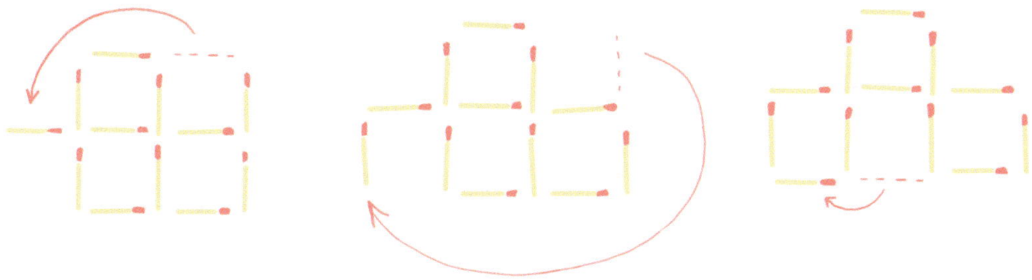

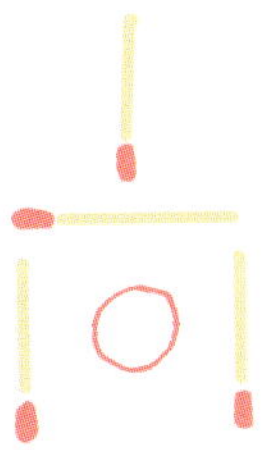

En déplaçant deux de ces allumettes,
et sans toucher aux autres, comment
faire pour que la pièce quitte la « pelle »
mais que la « pelle » reste entière ?

Il te faut

des allumettes

But du jeu :
résoudre les énigmes

Joueurs :
2 ou plus

Le Doigt coupé

Fais un trou sur le côté de la boîte
pour y passer ton majeur.
Remplis la boîte de coton.
Glisse ton doigt dans le trou
Enduis la base du doigt « coupé »
de ketchup. Ferme la boîte.
Appelle les autres en disant :
« Regardez ce que j'ai trouvé ! »,
et ouvre la boîte.

Il te faut

1 petite boîte
d'allumettes
du coton
du ketchup

JEUX DE FICELLE

Il te faut

1 brin de laine de 1,50 m de longueur

But du jeu : faire des figures en ficelle

Joueurs : 1 ou plus

CONSEIL

Pour les jeux de ficelle, il faut de la concentration, de la précision, mais aussi beaucoup d'imagination pour voir les formes dans les figures terminées.

DES DOIGTS ET DES FICELLES

Le bateau

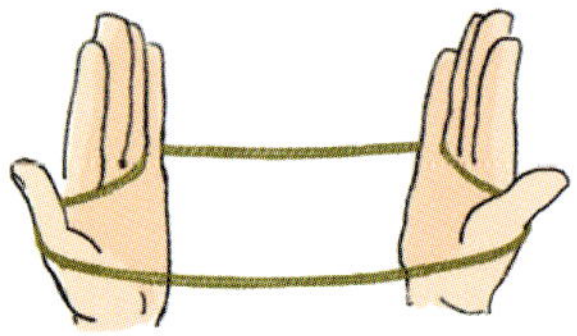

1. Place la ficelle autour des pouces et des auriculaires.

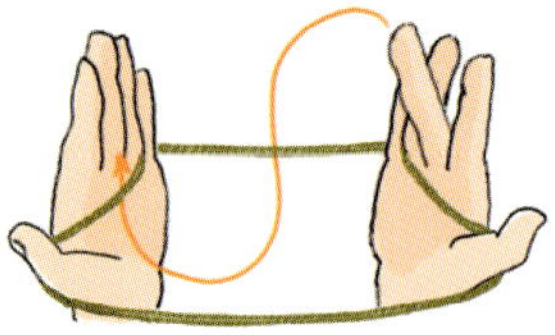

2. Avec les majeurs, prends les brins situés sur les paumes des mains.

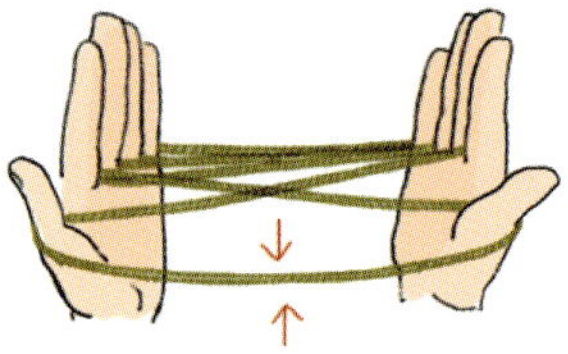

3. Tu obtiens le « berceau ».

4. Lâche les pouces. Avec la bouche, attrape le brin à l'endroit marqué par les deux flèches et tire. Voici le bateau.

La tasse

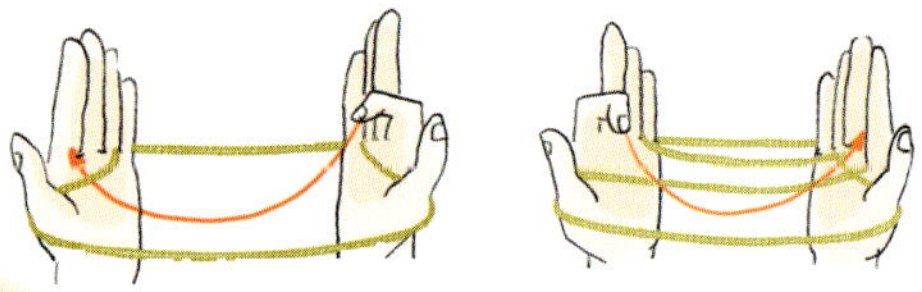

1. Glisse les index sous les boucles de la paume. Tu obtiens le « filet ».

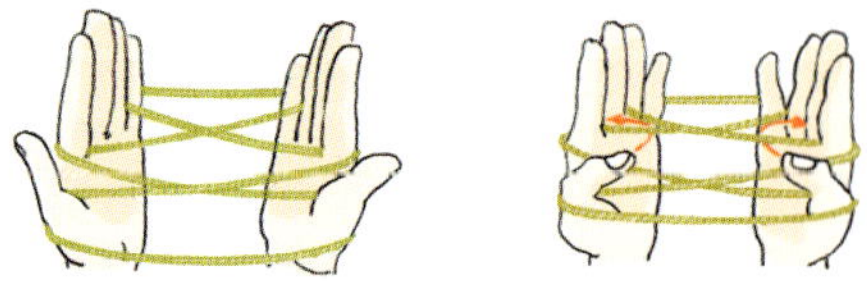

2. Glisse tes pouces sous les brins des index.

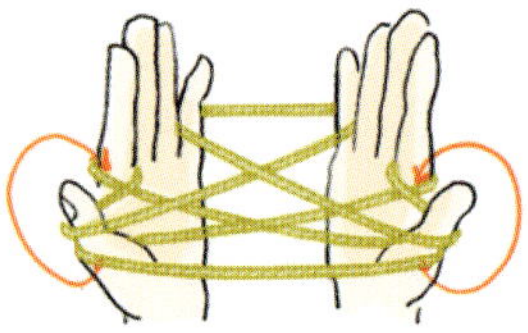

3. Avec la bouche, passe la boucle basse par-dessus les pouces.

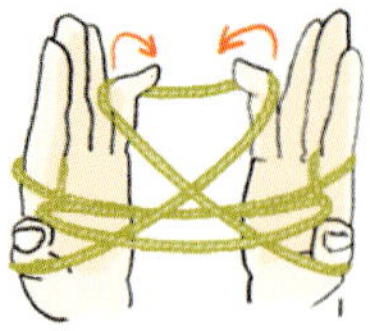

4. Les « petits doigts » lâchent leurs boucles.

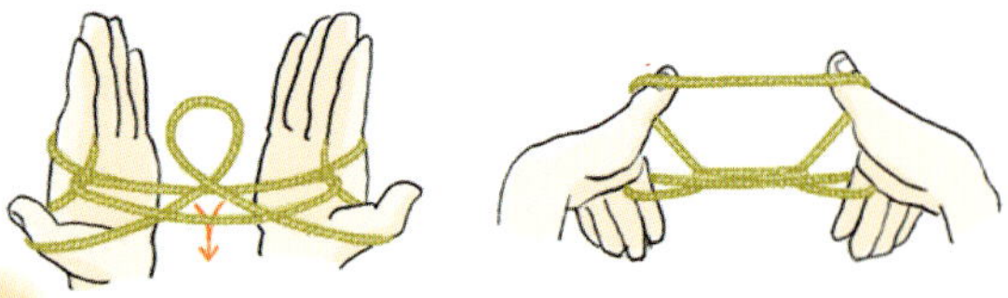

5. Tire sur les pouces, et voilà la tasse et sa soucoupe.

Le hibou

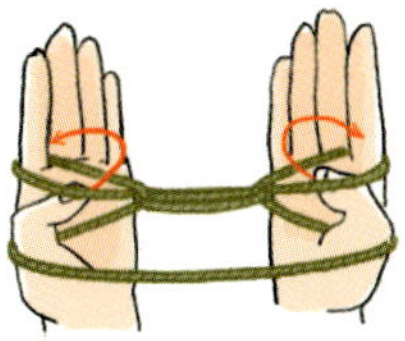

1. Glisse tes pouces sous les premiers brins des index.

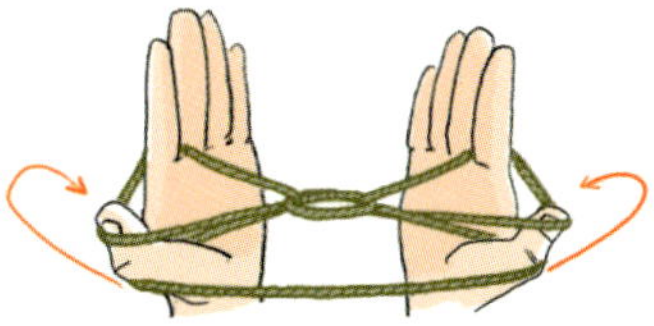

2. Fais passer les grandes boucles par-dessus les pouces.

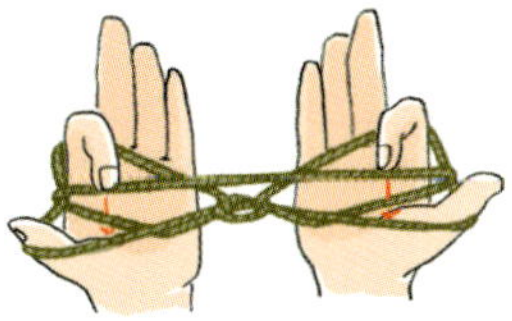

3. Les index passent par-dessus le long brin et plongent sous les boucles des pouces.

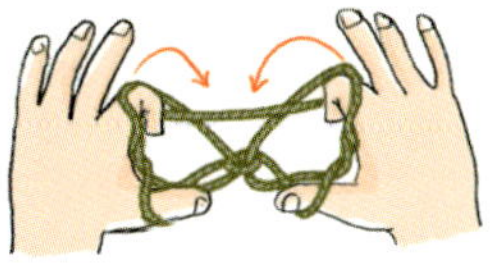

4. Pivote les mains. Les boucles glissent hors des index.

5. Tire sur les pouces et les index pour faire apparaître le masque du hibou.

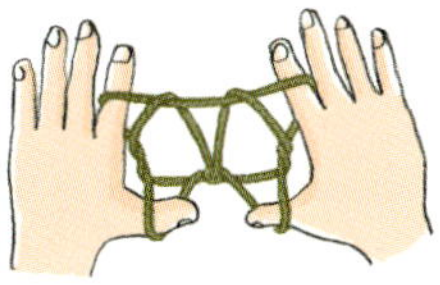

Le clin d'oeil

1. Avec la main droite, fais tourner le brin arrière autour de l'index, puis au-dessus du pouce.

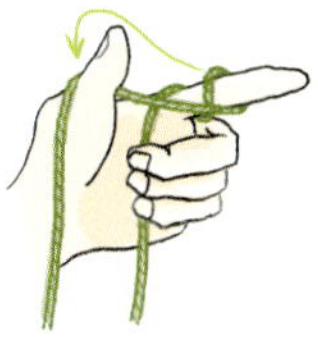

2. Avec la main droite, tire sur la boucle de l'index et passe-la au-dessus du pouce.

3. Repasse ce brin à l'intérieur du pouce.

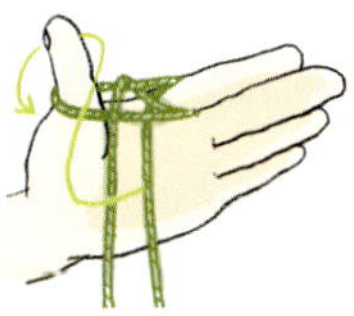

4. À l'inverse, passe l'autre au-dessus du pouce.

5. Pour fermer l'œil, tire sur les 2 brins en laissant se refermer le pouce et l'index. Pour ouvrir l'œil, c'est le contraire.

Il te faut

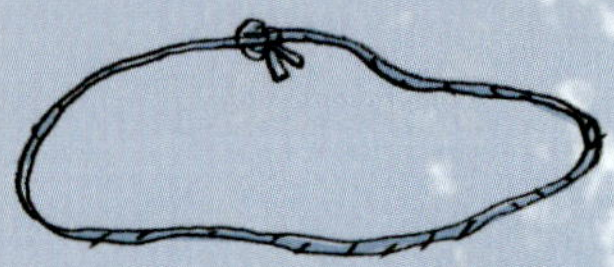

1 corde fermée avec un gros nœud

But du jeu : trouver dans quelle main le furet est caché

Joueurs : 6 ou plus

LE FURET

1. Assis en rond, les joueurs font tourner la corde dans leur dos en chantant et le nœud passe discrètement de main en main.

« Il court, il court le furet,
Le furet du bois-mesdames,
Il court, il court le furet,
Le furet du bois-joli,
Il est passé par ici
Il repassera par là,
Qui est-ce qui l'a ? »

À la fin de la chanson, les joueurs bloquent la corde.

2. Lilou, au milieu de la ronde, doit deviner dans quelle main se trouve le furet (le nœud).

3. Si elle se trompe, on recommence. Sinon, elle prend la place du joueur qui avait le furet.

LE NOEUD SUR L'ÉCHARPE

1. Demande aux autres de faire un nœud sans lâcher les deux bouts de l'écharpe.

2. Chacun essaie à tour de rôle et se tord les bras sans y parvenir.

3. À ton tour, tu croises d'abord les bras, puis tu prends les 2 bouts de l'écharpe.

4. En décroisant les bras, tu fais le nœud. Tu as fait passer le nœud de tes bras à l'écharpe !

Il te faut

1 écharpe

But du jeu :
faire un nœud digne d'un magicien

Joueurs :
2 ou plus

LES PRISONNIERS ENCHAÎNÉS

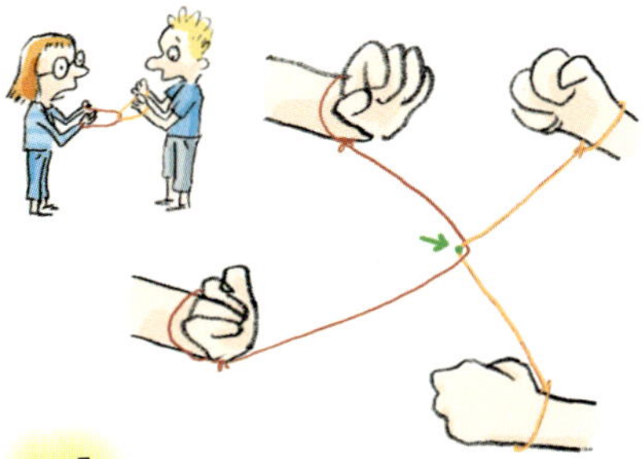

1. Attache les 2 prisonniers de cette manière. Demande-leur de se libérer, sans défaire les nœuds, bien sûr. Ils n'y arriveront jamais !

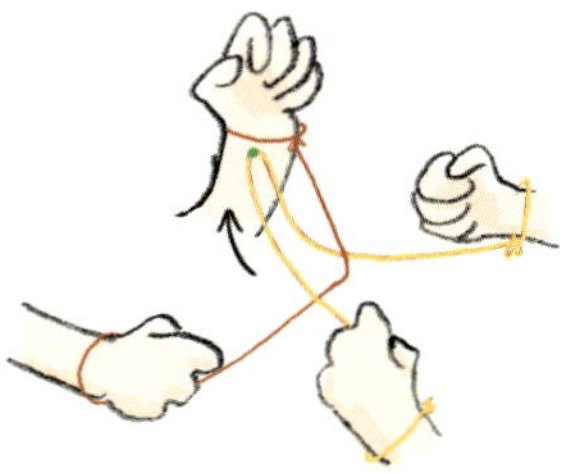

2. Demande à Manon de prendre la corde de Théo à l'endroit marqué par un point vert…

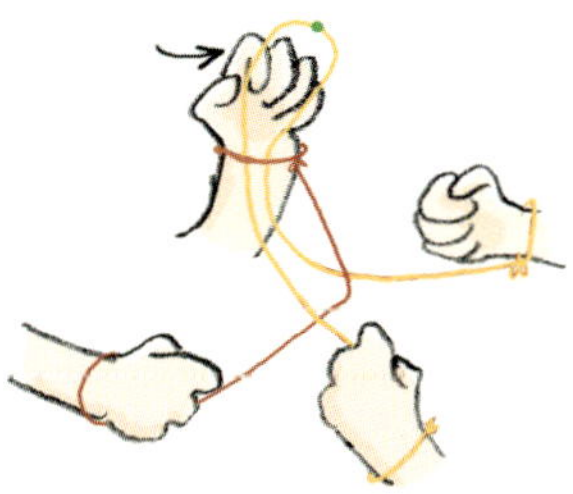

3. … et de la faire passer dans la boucle autour de son poignet par en dessous…

4. … puis de la faire passer autour de son propre poignet. Les voilà libérés !

Il te faut

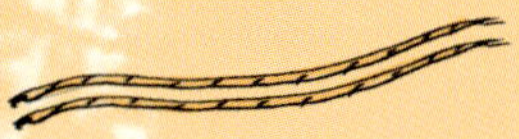

2 cordes de 1 mètre

But du jeu :
libérer tes copains

Joueurs :
3

JEUX DE DÉS

Il te faut

5 dés
des feuilles de papier
1 crayon

But du jeu :

faire les bonnes combinaisons et les placer dans les bonnes cases

Joueurs :

2 joueurs ou plus

Le bonus

Si la somme des 6 premières lignes est supérieure à 60, on gagne 30 points de bonus.

Le super yam

Au lieu d'être identiques, les colonnes (↓, ↑, S, L) sont remplies différemment.

↓ : la colonne ne peut être remplie que de haut en bas, sans sauter de case.

↑ : la colonne ne peut être remplie que de bas en haut, sans sauter de cases.

S : on ne joue qu'en 1 seul lancer

L : colonne libre ; on la remplit dans l'ordre qui nous convient.

LE YAM

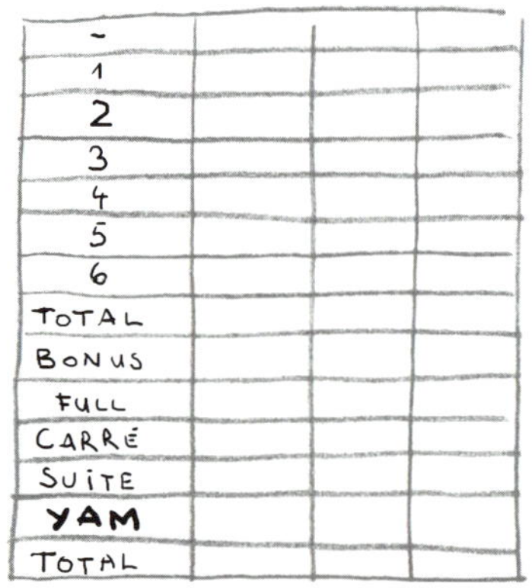

1. Dessine cette grille sur une feuille.

2. Chaque joueur a droit à 3 lancers de dés. À chaque nouveau lancer, il choisit les dés qu'il veut rejouer pour avoir le maximum de points afin de remplir une de ses cases vides.

3. Oscar a fait un full.
Il peut soit écrire 18 dans la ligne des 6, soit inscrire son full et marquer 20 points.

4. Si un joueur ne réussit pas à faire une combinaison, il doit inscrire un zéro dans la case de son choix.

5. La partie est terminée lorsque les colonnes sont remplies. Le gagnant est celui qui a marqué le plus de points.

Les combinaisons

Full : ⚂ ⚂ ⚂ + ⚄ ⚄
3 faces identiques + 2 identiques = 20 points

Carré : ⚁ ⚁ ⚁ ⚁
4 faces identiques = 30 points

Suite : ⚀ ⚁ ⚂ ⚃ ⚄
5 faces qui se suivent = 40 points

Yam : ⚅ ⚅ ⚅ ⚅ ⚅
5 faces identiques = 60 points

LE 421

Il te faut
3 dés
11 jetons

But du jeu :
ne pas prendre de jetons en faisant de bonnes combinaisons

Joueurs :
2 joueurs et plus

1re manche

Elle se joue en 1 seul lancer de dés. Le joueur qui a fait la plus faible combinaison prend sur la table un nombre de jetons correspondant à la combinaison du plus fort. On joue jusqu'à ce qu'il n'y ait plus de jetons.

2e manche

Elle se joue en 1, 2 ou 3 lancers. Le meilleur donne ses jetons au perdant.

Manon commence. Elle lance les trois dés. Si elle est satisfaite de son résultat, elle passe les dés à son voisin Théo.

Sinon elle peut rejouer 1, 2 ou 3 dés en gardant les autres.

Elle peut rejouer encore une troisième fois avant de passer les dés à Théo.

Théo et les autres joueurs doivent jouer autant de fois que Lilou en tentant de faire une meilleure combinaison.

Les combinaisons

421	8 jetons
111	7 jetons
116	6 jetons
115	5 jetons
114	4 jetons
113	3 jetons
112	2 jetons
666	6 jetons
555	5 jetons
444	4 jetons
333	3 jetons
222	2 jetons
suite (123, 234, 456)	2 jetons
sans combinaison	1 jeton

MAGIE
Comment faire tenir 2 dés sur 1 seul ?

Réponse :
Mouiller les 2 dés avec de la salive.

JEUX DE DOMINOS

Il te faut

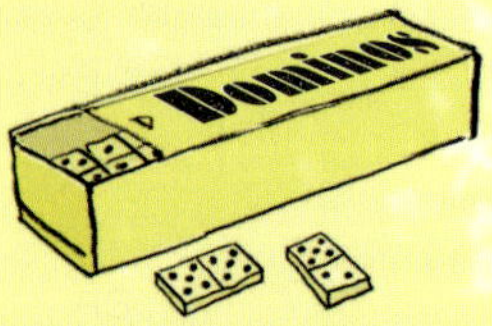

1 jeu de dominos

But du jeu :
se débarrasser de tous ses dominos

Joueurs :
2 à 6

UNE CHANSON DOMINO

Trois p'tits chats, chapeau de paille, paillasson, somnambule, bulletin… C'est une chanson « domino ».

LE DOUBLE-SIX

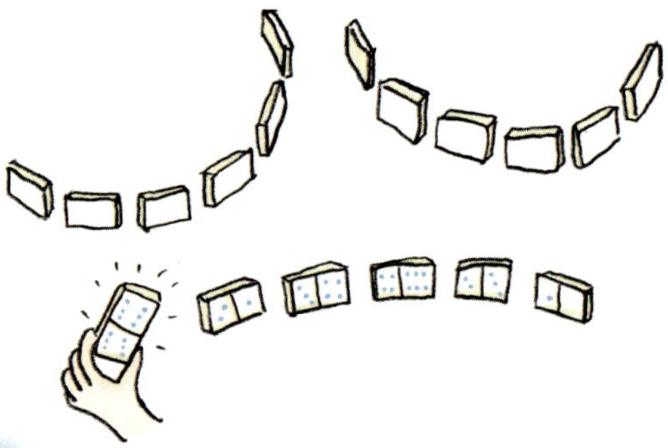

1. Distribue 6 dominos à chaque joueur. Le double-six commence (si personne ne l'a en main, c'est le double-cinq qui commence et ainsi de suite).

2. On pose les dominos à la suite les uns des autres en les combinant (c'est-à-dire qu'un des côtés du domino posé doit porter le même nombre de points que le domino sur la table).

3. Les doubles sont placés perpendiculairement.

4. Lorsqu'un joueur ne peut pas jouer, il « boude » (il passe son tour).

5. Si personne n'a réussi à poser tous ses dominos, c'est celui à qui il reste le moins de points qui gagne.

LE MATADOR

1. Chaque joueur prend 3 dominos, le reste sert de pioche.

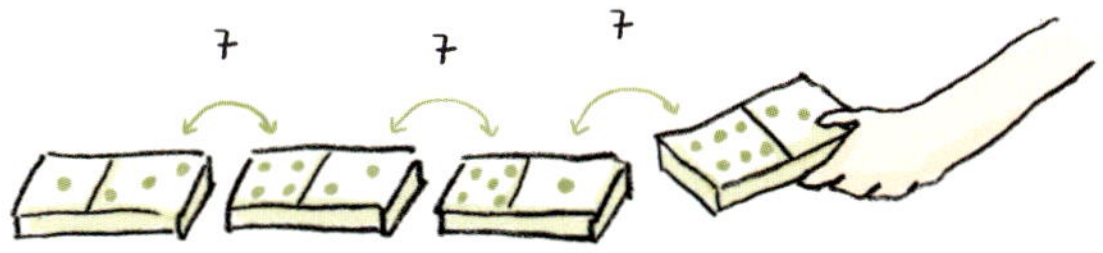

2. Il faut poser ses dominos de manière à ce que le total des 2 chiffres mis côte à côte fasse 7.

3. Les matadors sont les dominos dont le total est 7 : 1/6, 2/5, 3/4. Ce sont les seuls à pouvoir être posés contre un 0.

4. On les pose en travers. Le domino qui suit un matador peut s'additionner à l'un ou l'autre des 2 chiffres.

5. Le double 0 est libre. Il peut se jouer n'importe où.

Il te faut

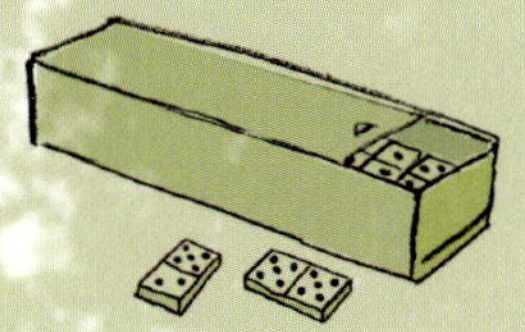

1 jeu de dominos

But du jeu : se débarrasser de tous ses dominos

Joueurs : 2 à 4

Record mondial de tombé de dominos : 4 500 000 dominos

JEUX DE DOMINOS

TOURS DE MAGIE

Il te faut

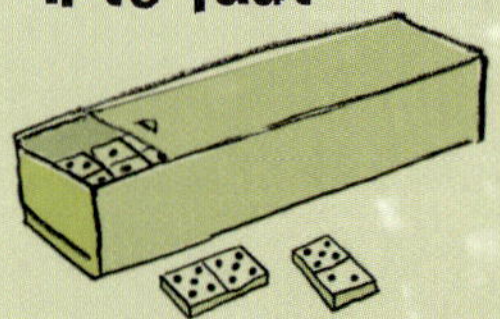

1 jeu de dominos

But du jeu : deviner, le dos tourné, quels sont les 2 numéros des extrémités de la chaîne de dominos

Joueurs : 3 ou plus

1. Retire discrètement un domino de la boîte.

2. Laisse les autres faire la chaîne.

3. Les points des 2 extrémités seront toujours ceux de ton domino retiré.

TOURS DE MAGIE

Il te faut

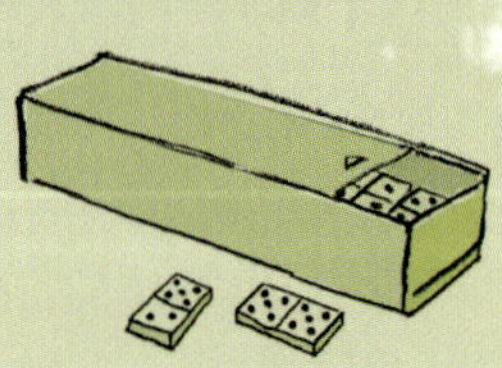

1 jeu de dominos

But du jeu : deviner le domino secret

Joueurs : 2 ou plus

1. Bande-toi les yeux et propose aux autres joueurs de deviner les points d'un domino.

2. Demande à un joueur de choisir un domino. Il choisit par exemple le 3/2.

3. Demande-lui : de multiplier le premier chiffre par 2 : **3 x 2 = 6,** d'ajouter 7 : **6 + 7 = 13,** de multiplier par 5 : **13 x 5 = 65,** d'ajouter le 2e chiffre de son domino : **65 + 2 = 67,** de te donner le résultat : **67.**

Dans ta tête, retire 35 : **67-35 = 32.** Tu viens de trouver les 2 chiffres du domino.

CONSEIL

Ne fais ce tour que si tu es fort en calcul mental !

Dominos avec des cartes

1. Oscar distribue tout le paquet, carte par carte. Si les joueurs n'ont pas tous le même nombre de cartes, ce n'est pas important.

2. Manon pose une carte de son jeu au choix : un 5 de pique.

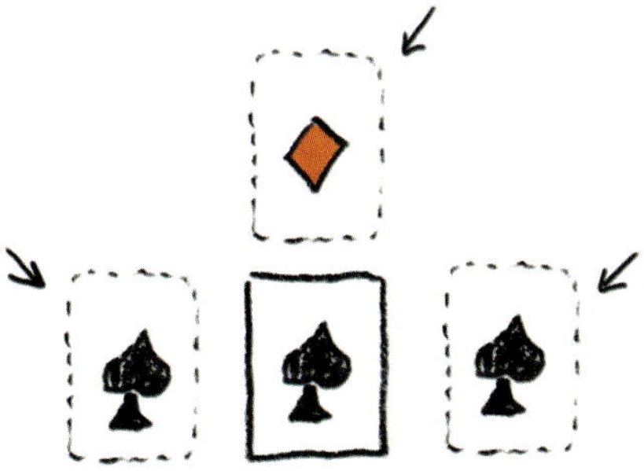

3. Théo peut poser un 4 de pique à gauche du 5 ou un 6 à droite. Ou poser un autre 5 à côté du premier. Il passe s'il ne peut rien jouer.

4. Après quelques tours, Oscar peut jouer 4 ou 7 de carreau, 6 ou 2 de pique, 6 ou as de cœur, ou encore 5 de trèfle.

5. Lorsqu'un joueur n'a plus de carte, il remporte la manche. Les autres abattent leur jeu et marquent les points correspondant aux cartes qui leur restent.

Le joueur ayant le moins de points à la fin de la partie est le vainqueur.

Il te faut

1 jeu de 52 cartes

But du jeu :
se débarrasser de toutes ses cartes, en complétant des séries posées sur la table

Joueurs :
3 à 8

L'ordre des cartes est le suivant :
Roi
Dame
Valet
10
9
8
7
6
5
4
3
2
As

Roi-dame-valet valent 10 points. Les autres cartes ont leur propre valeur.

JEUX DE CARTES

Il te faut

1 jeu de 32 cartes

But du jeu :
avoir le moins de points possible

Joueurs :
4

L'ordre des cartes est classique :
as
roi
dame
valet
10/9/8/7.
La carte de plus grande valeur remporte le pli.

LE BARBU

Chacun a 8 cartes. On doit jouer dans la couleur demandée. Sinon, on se débarrasse d'une mauvaise carte dans une autre couleur (on se défausse).

Le jeu se joue en 5 manches, qui sont jouées dans l'ordre suivant :
1 : pas de plis
2 : pas de cœurs
3 : pas de dames
4 : barbu
5 : domino

1. Pas de plis
Il ne faut pas ramasser de pli.
Chaque pli ramassé vaut 5 points.

2. Pas de cœurs
Il ne faut pas ramasser de cœurs.
Chaque cœur vaut 5 points.

3. Pas de dames
Il ne faut pas ramasser de dames.
Chaque dame vaut 10 points.

4. Barbu
Il faut éviter de prendre le roi de cœur.
Il vaut 40 points.

5. Domino
Le joueur qui entame pose un valet sur la table.

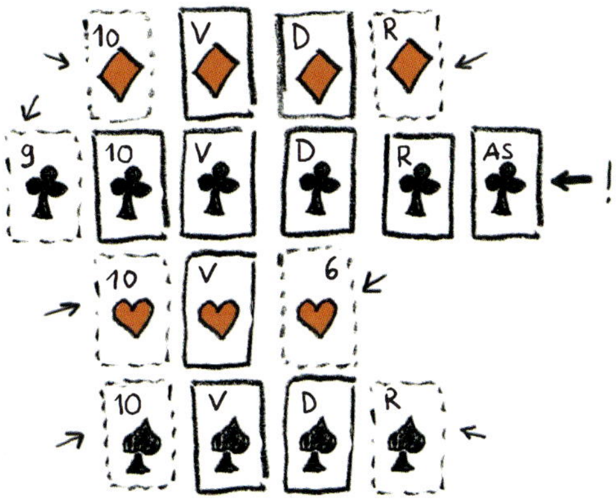

6. Le joueur suivant peut :
- poser une des 2 cartes voisines du valet, le 10 ou la dame de trèfle ;
- poser un autre valet ;
- ou passer s'il ne peut rien faire.

7. Si un joueur pose un as, il rejoue (s'il le peut).
Le premier joueur qui a posé toutes ses cartes remporte la manche.
Il gagne – 50 points.
Le 2e gagne – 25 points.

Variantes

Salade
On joue toutes les manches ensemble : il ne faut ramasser ni plis, ni cœurs, ni dames, ni roi de cœur. On fait alors le total des points ramassés.

Un risque qui paye
Si on ramasse tous les plis, tous les cœurs ou toutes les dames, on marque 40 points.

Les 2 derniers plis
Il ne faut pas les ramasser. Ils valent chacun –10 points.
Tu peux imaginer des tas d'autres variantes, des gages, etc.

TABLEAU DES COMPTES

Exemple de comptage des points
Lilou a ramassé
2 plis = - 10 points
1 cœurs = - 20 points
3 dames = - 30 points
le roi de cœur = - 40 points
arrivée 2e au domino = + 25 points
total = - 75 points

JEUX DE CARTES

Il te faut

1 jeu de 32 cartes

But du jeu :
gagner le maximum de points

Joueurs :
4 répartis en 2 équipes.
Les partenaires sont assis face à face.

ORDRE DES CARTES

Pour l'atout :
valet, 9, as, 10, roi, dame, 8, 7.

Pour les autres couleurs :
as, 10, roi, dame, valet, 9, 8, 7.

CONSEILS

Si tu as valet-9-as d'atout, tu possèdes un « 45 ». Tu es presque certain de gagner.

LA BELOTE

Distribution des cartes

1. Le donneur distribue 3 cartes puis 2 cartes à chaque joueur.

2. Il pose le paquet sur la table et retourne la 1re carte. Exemple : dame de pique.

Choix de l'atout

3. L'atout proposé est pique. Selon son jeu, chaque joueur peut soit passer (il dit : « **une** »), soit prendre si le pique l'intéresse.

4. Si personne ne prend, dans un second tour, les joueurs peuvent choisir pour atout une autre couleur en fonction de leur jeu (**deux**, je prends à carreau, à cœur ou à trèfle). Dès qu'un joueur a pris, il prend la carte retournée. Puis le donneur distribue trois cartes à chaque joueur et deux à celui qui a pris, et le jeu peut commencer.

Jeu

Tu es obligé de fournir à la couleur demandée. Si tu n'en as pas, tu es obligé de **couper** avec un atout. L'atout, quelle que soit sa hauteur, est plus fort que toutes les cartes des autres couleurs. Mais si :

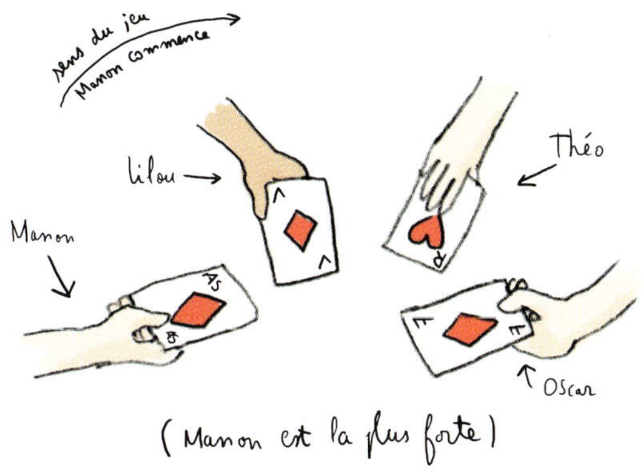

- ton partenaire est le plus fort, tu n'es pas obligé de couper, tu joues ce que tu veux ;

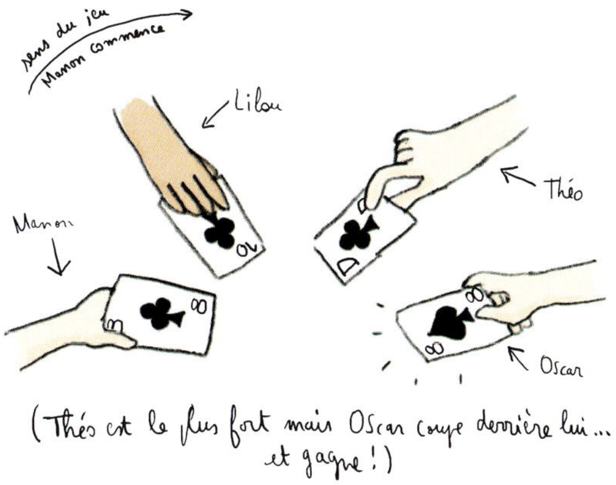

- ton adversaire est le plus fort, tu dois mettre un atout (couper).

Tu es toujours obligé de monter à l'atout (**surcouper**) si tu peux.

Si tu remportes le pli, c'est à toi de rejouer.

Décompte des points

	VALET	9	AS	10	Roi	DAME	8	7
ATOUT	20 PTS	14 PTS	11 PTS	10 PTS	4 PTS	3 PTS	0 PTS	0 PTS
COULEUR	2 PTS	0 PTS	11 PTS	10 PTS	4 PTS	3 PTS	0 PTS	0 PTS

Si un des camps a remporté toutes les levées, il gagne un bonus de 100 points. Si l'équipe preneuse obtient plus de points que le camp adverse, chaque camp marque le nombre de points qu'il a obtenus.

Sinon, le camp défenseur marque la totalité des points (l'attaquant est « **dedans** »).

Des points en plus

Si tu as le Roi et la Dame d'atout, annonce « **belote** » en jouant la première de ces deux cartes et « **rebelote** » en jouant la seconde (valeur : 20 points).

La dernière levée (dix de der) rapporte 10 points.

CONSEILS

Si tu n'as ni la couleur demandée, ni atout, tu te « **défausses** » (tu mets la carte que tu veux) : place une carte de ta meilleure couleur pour renseigner ton partenaire.

LES JEUX DE CARTES

Il te faut

1 jeu de 32 cartes +
1 joker
un public

But du jeu :
épater tout le monde

Joueurs :
2 au moins

TOURS DE CARTES

Joyeux anniversaire

Tu vas trouver, grâce aux cartes, le mois de naissance d'une personne que tu ne connais pas.

Préparation
Écris sur la carte jocker « joyeux anniversaire ». Place-la en 13e position en partant du haut du paquet.

Tour

1. Pose le jeu sur la table, tourne le dos et demande à la personne de faire un petit tas de cartes égal au mois de sa naissance.

2. Retourne-toi, prends le paquet restant et fais à ton tour un paquet de 12 cartes.

3. Prends le paquet de 12 cartes et retourne-les une à une en énumérant les mois de l'année : « janvier, février... ».

4. Miracle, le jocker apparaît exactement à la place de la carte du mois de naissance de la personne.

La série noire

Préparation
Place les cartes dans cet ordre.

Tour

1. Retourne le paquet et commence à épeler chaque carte en commençant par le roi : R-O-I. Pour le R place la carte sous le paquet, pour le O aussi.

2. Pour le I, retourne la carte et surprise : c'est le roi ! Pose-le sur la table. Épelle la carte suivante : D-A-M-E.

3. Le D, le A et le M vont sous le paquet, le E est retourné sur la table, c'est la dame de pique. Continue pour tout le paquet, ça marche jusqu'au bout !

Le Pouilleux

1. Celui qui distribue les cartes commence par retirer 3 des 4 valets ; il ne garde que celui de pique : c'est « le pouilleux ».

2. Chaque joueur élimine les paires de son jeu (deux cartes noires de même valeur, ou deux cartes rouges de même valeur).

3. Chacun tient son jeu en éventail et fait piocher son voisin de droite sans lui montrer ses cartes.

4. Celui qui tire une carte lui permettant de faire une paire jette la paire obtenue et présente à son tour ses cartes en éventail à son voisin de droite.

5. Le perdant est celui qui termine avec le valet de pique.

Il te faut

1 jeu de 32 ou de 52 cartes

But du jeu : se débarrasser du pouilleux en le faisant piocher aux autres

Joueurs : 3 ou plus

JEUX DE CARTES

Il te faut

1 jeu de 52 cartes

But du jeu :
ne plus avoir de cartes

Joueurs :
2 ou plus

LES TRUCS POUR GAGNER

Observe bien tes adversaires et apprends à lire sur leur visage. Tu verras que très souvent, celui qui ment ne bouge pas. Il a trop peur de se faire remarquer.

Si le jeu est neuf, essaye de poser non pas une seule carte, mais un petit paquet. Si tu es discret, tu gagneras très vite.

Ne joue pas avec tes parents, tu leur révélerais tes talents de menteur !

LE MENTEUR

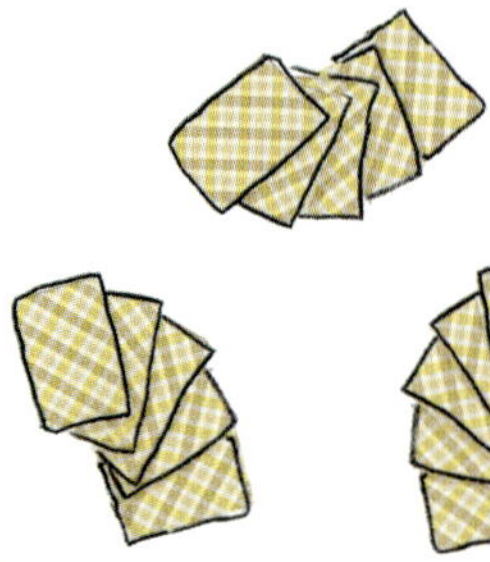

1. On distribue à chaque joueur un nombre égal de cartes.

2. Le premier joueur pose une carte sur la table, face cachée, en annonçant une couleur, par exemple : trèfle.

3. Chaque joueur à son tour doit alors poser une carte face cachée en annonçant : trèfle.

4. Quand un joueur pense que celui qui vient de poser une carte a menti (il a mis autre chose que du trèfle), il dit « menteur » et retourne la carte qui vient d'être posée.

5. Si la carte n'est pas de la couleur annoncée, le menteur ramasse tout le paquet de cartes déjà posées. Si au contraire, la carte est de la couleur annoncée, c'est l'accusateur qui ramasse le paquet.

6. Le premier qui a déposé toutes ses cartes a gagné.

LE 8 AMÉRICAIN

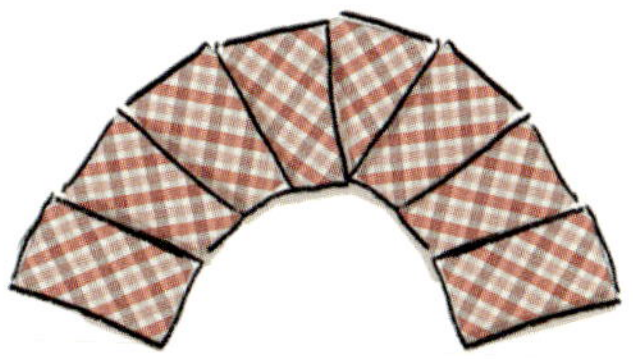

1. On distribue 8 cartes à chaque joueur.

2. On retourne la première carte de la pioche, par exemple : un 3 de cœur.

3. À tour de rôle, on pose sur la carte du joueur précédent une carte de même valeur (un 3) ou de même couleur (du cœur).
Si on ne peut pas jouer, on pioche.
En posant son avant-dernière carte, le joueur doit annoncer « carte » sous peine de piocher.

Il te faut

1 jeu de 52 cartes, ou 2 jeux à partir de 4 joueurs

But du jeu :
se débarrasser de toutes ses cartes

Joueurs :
2 ou plus

LES CARTES SPÉCIALES

8 : permet de choisir une autre couleur
10 : le jeu repart en sens inverse
2 : le joueur rejoue
As : le joueur suivant prend 2 cartes ou pose un 2e as.
7 : le joueur suivant passe son tour

Il te faut

1 jeu de 52 cartes

But du jeu :
devenir riche

Joueurs :
2 ou plus

LE POKER

Il existe de nombreuses variantes du poker, mais le jeu est toujours le même : chaque joueur parie une certaine somme, et le joueur ayant la plus forte main remporte le pot. Le jeu se déroule en 4 temps : distribution, mises, échange, enchères.

1. Distribution.
Le donneur distribue 5 cartes à chacun.

2. Mises.
Chaque joueur, en commançant par le joueur situé à gauche du donneur, place devant lui une certaine mise, par exemple 3 allumettes.

Chaque joueur à son tour peut donc :

- suivre :
il augmente sa mise pour que son total soit égal à la mise du joueur précédent.

- monter :
il augmente sa mise pour qu'elle soit supérieure à celle du joueur précédent.

- passer :
il abandonne la partie et perd alors sa mise qui reviendra au vainqueur.

Un certain nombre de tours d'enchères sont nécessaires pour que toutes les mises soient identiques ou qu'il ne reste qu'un seul joueur.

S'il ne reste qu'un joueur, il remporte les mises et on passe au tour suivant.

LES JEUX DE CARTES

LE POKER (SUITE)

Valeur des combinaisons

L'As est la plus forte carte.

L'ordre des combinaisons est le suivant :

3. Échange.
Tous les joueurs ayant suivi les mises peuvent échanger de 1 à 3 cartes pour essayer d'obtenir les meilleures combinaisons.

4. Enchères.
Les enchères se déroulent de la même manière que les mises.

À la fin des enchères, tous les joueurs restants montrent leur jeu, et le jeu le plus fort remporte la totalité du pot. S'il y a égalité, le pot est partagé.

Tour de cartes

La carte clé

1. Donne le jeu à mélanger. Regarde discrètement la carte du dessous du paquet. C'est ta carte clé.

2. Fais choisir une carte par un spectateur. Demande-lui de la poser sur le paquet. Fais lui couper le jeu.

3. Prends le paquet et retourne les cartes une à une. Dès qu'apparaît ta carte mystère, tu sais que la suivante est celle choisie par le spectateur.

4. Fais monter la pression avant de sortir la carte.

5. Plus fort ! Regarde la bonne carte et laisse-la passer. Les spectateurs qui l'ont vue croient que tu t'es trompée, ils jubilent !

6. Erreur ! Soudain tu t'arrêtes et tu annonces que tu changes de technique. Tu mélanges toutes les cartes, faces visibles, sur la table et tu désignes la bonne carte.

Il te faut

1 jeu de 32 cartes

But du jeu : épater ses amis

Joueurs : 2 au moins

JEUX DE PIONS

Il te faut

1 jeu de dames

But du jeu :
éliminer tous les pions de l'adversaire

Joueurs :
2

LES DAMES

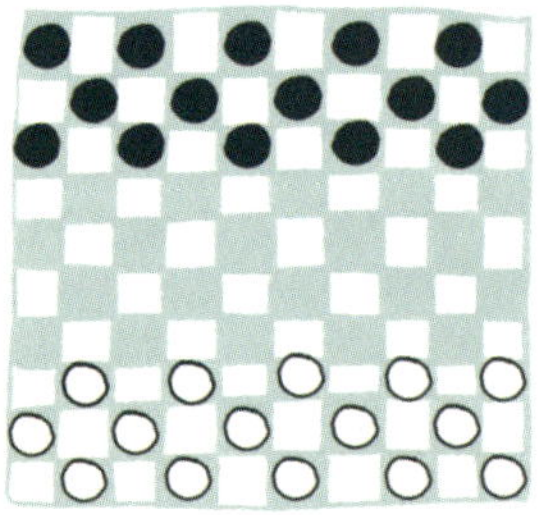

1. Placez vos pions sur les cases noires. Celui qui a les pions blancs commence. Un pion se déplace en diagonale, d'une seule case à la fois et toujours en avant.

2. La prise d'un pion adverse s'effectue en sautant par dessus en avant ou en arrière. La case suivante doit donc être libre. On peut sauter ainsi plusieurs pions.

3. La prise est obligatoire. Si ton adversaire oublie une prise, tu dis « souffler n'est pas jouer », tu retires son pion et tu rejoues.

4. Si tu atteins la dernière rangée du damier, ton pion devient une « dame ». Tu poses dessus un autre pion de la même couleur pour pouvoir la démarquer des pions ordinaires.

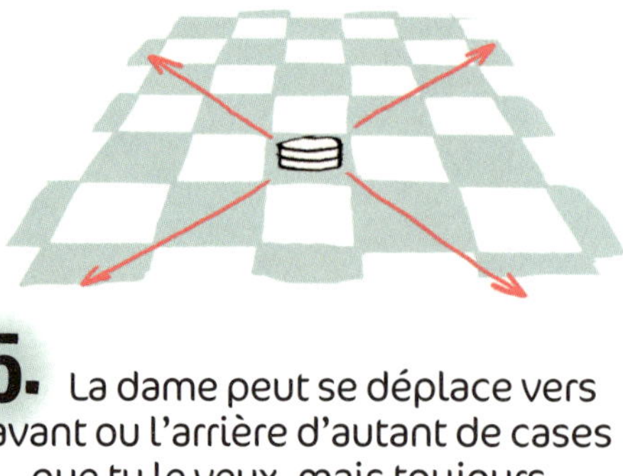

5. La dame peut se déplace vers l'avant ou l'arrière d'autant de cases que tu le veux, mais toujours en diagonale. Elle aussi est obligée de sauter.

6. Tu as gagné quand tu as sauté le dernier pion de ton adversaire.

Loup et moutons

Le loup a peur des moutons, mais juste cette fois !

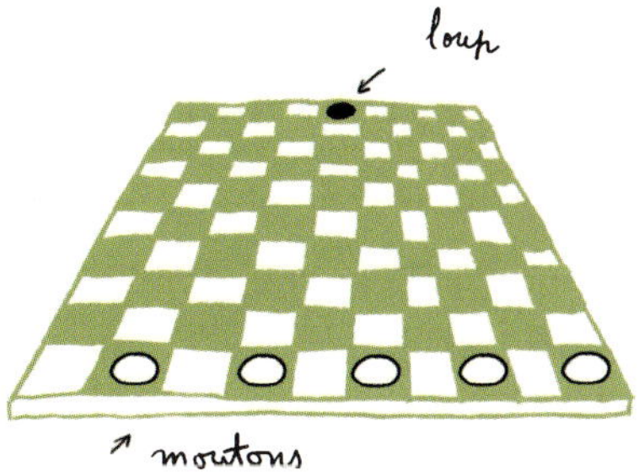

1. Les 5 moutons sont alignés sur la première ligne. Le loup est en face.

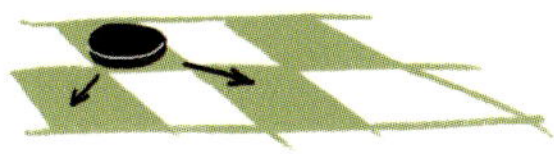

2. Les pions ne peuvent se déplacer qu'en diagonale, d'une seule case et toujours sur les noires.

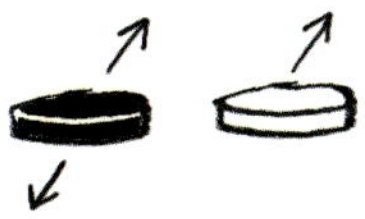

3. Les moutons sont obligés d'avancer, le loup avance ou recule, comme il veut.

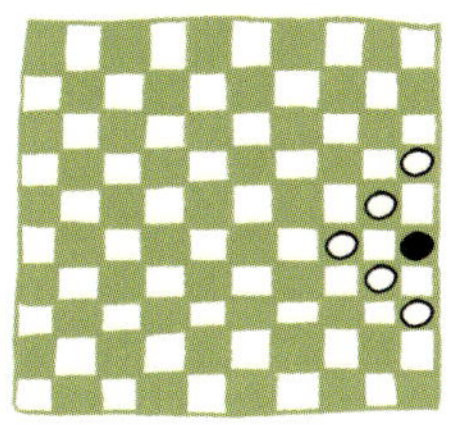

4. Le loup essaye de passer par une ouverture pour arriver de l'autre côté du damier. Les moutons tentent de l'encercler.

Il te faut

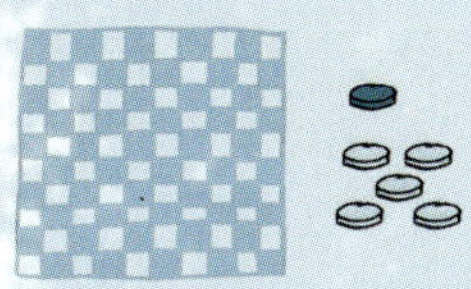

1 damier
1 pion noir,
5 pions blancs

But du jeu :
encercler le loup

Joueurs :
2

Renard et poules

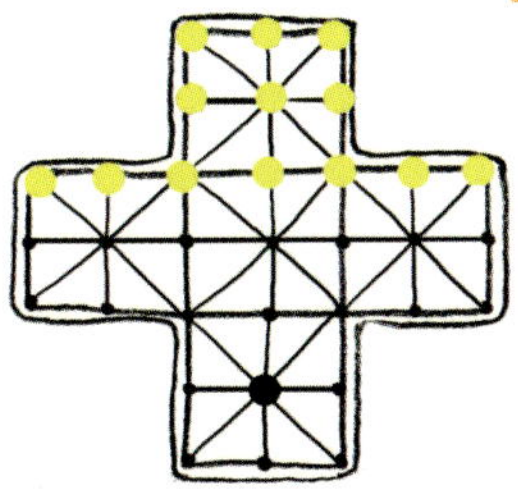

1. Les poules sont au poulailler, le renard bat la campagne (il se met où il veut).

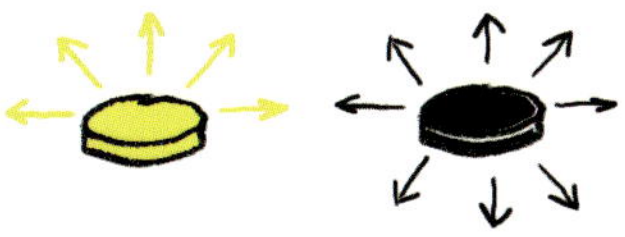

2. Les poules marchent en avant ou sur le côté. Le renard court dans toutes les directions.

3. Le renard mange une poule en sautant par-dessus. Comme aux dames, il peut en manger plusieurs de suite. Il est obligé de les manger.

4. Les poules ont gagné quand le renard ne peut plus bouger. Elles ont perdu si elles sont toutes croquées.

Il te faut

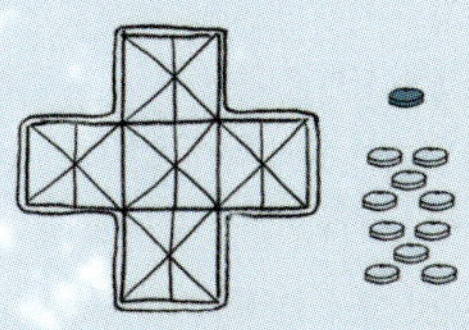

1 grille en forme de croix
13 pions « poules »
1 pion « renard »

But du jeu :
manger toutes les poules ou encercler le renard

Joueurs :
2

JEUX DE PIONS

Il te faut

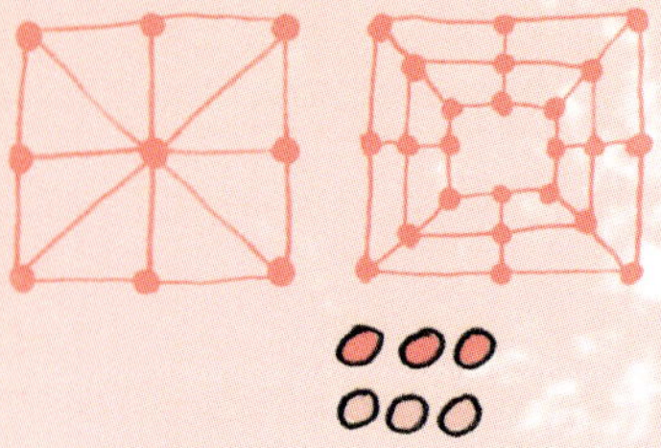

1 grille
3 pions (cailloux, bouchons, capsules, etc.) d'une couleur et 3 autres d'une autre couleur

But du jeu :
aligner 3 pions

Joueurs :
2

Ce jeu existe depuis le Moyen Âge. On l'appelait « mérelle ».

LE MORPION

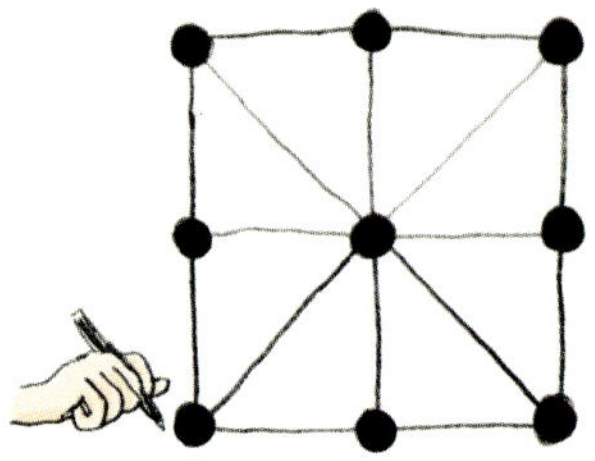

1. Dessine cette grille.

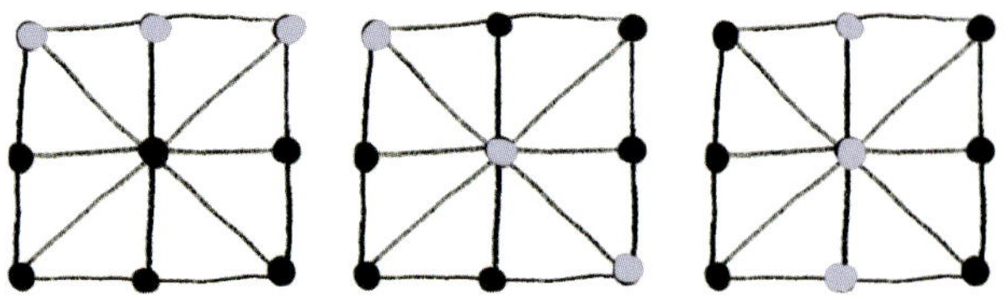

2. Il faut réussir à aligner ses trois pions horizontalement, verticalement ou diagonalement.

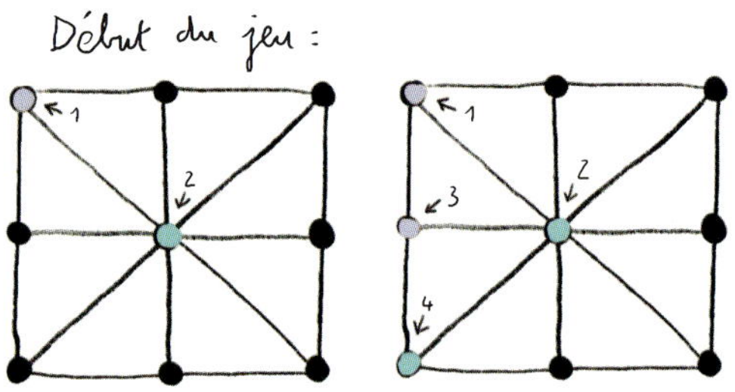

3. À tour de rôle, chaque joueur pose un pion.

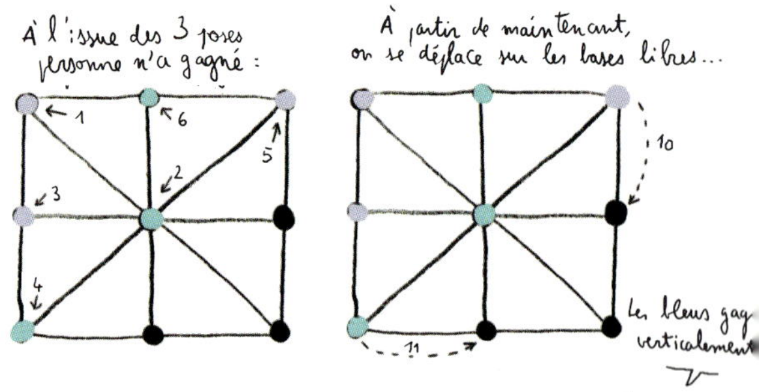

4. Quand les 6 pions sont posés, le jeu continue en les déplaçant (toujours en suivant les lignes).

morpion à 9 pions

Même règle, avec 9 pions.
Chaque fois qu'un joueur réalise un alignement, il retire du jeu n'importe quel pion de son adversaire.

AWALÉ

C'est un jeu africain qui raconte que, pour un agriculteur, il faut d'abord semer pour ensuite récolter.

1. Au début de la partie, chaque joueur dispose 4 graines dans chacun de ses 6 trous.

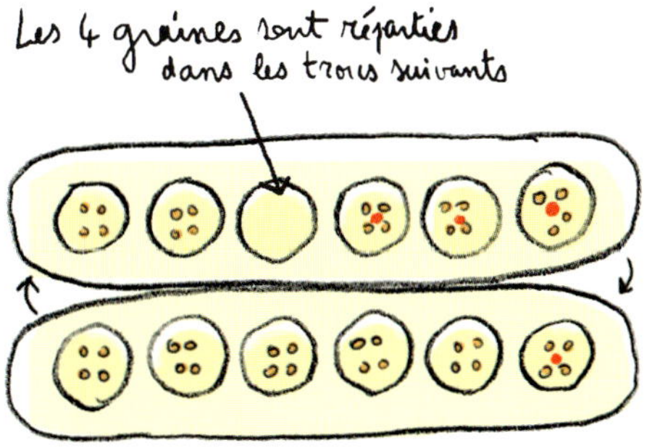

2. Le premier joueur prend les 4 graines d'un de ses trous et les distribue une par une dans les trous dans le sens des aiguilles d'une montre.

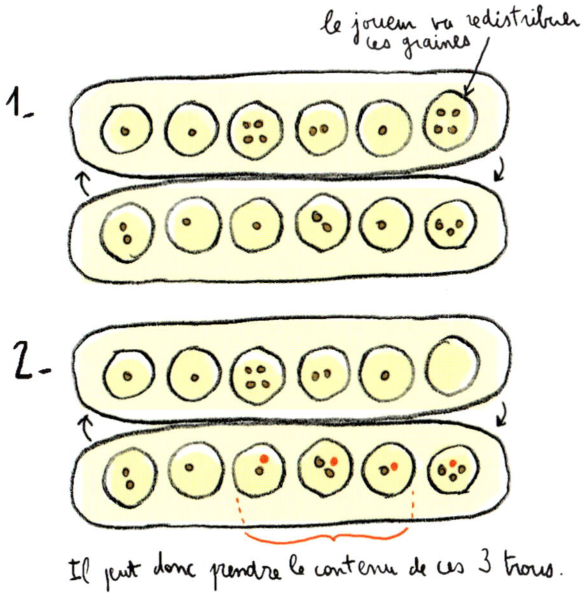

3. Si le dernier trou est rempli de 2 ou 3 graines, le joueur empoche son contenu ainsi que celui des précédents trous s'ils ne contiennent eux aussi que 2 ou 3 graines.

4. La partie s'arrête lorsque le jeu est bloqué ou si l'un des joueurs n'a plus de graine dans ses trous.

Il te faut

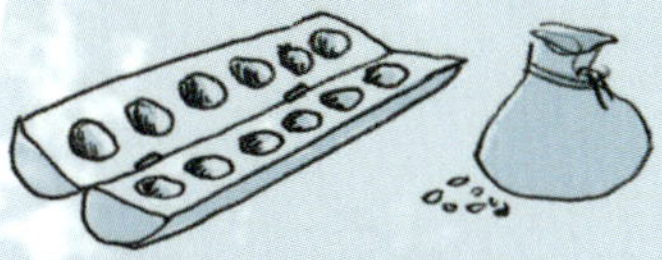

1 plateau en bois creusé de 2 rangées de 6 trous
48 graines ou billes

But du jeu :
amasser le plus de graines possible

Joueurs :
2

TRUC

Le coup du kroo : accumule 12 graines dans un trou. Attends que la rangée de ton adversaire soit pratiquement vide. Tu fais alors un tour complet et tu ramasses un maximum de graines.

ASTUCE

Tu peux facilement te fabriquer un awalé avec de la pâte à modeler et des billes. Tu peux aussi jouer dans le sable avec des coquillages (évite les petits crabes !).

JEUX DE RÉCRÉ

Il te faut

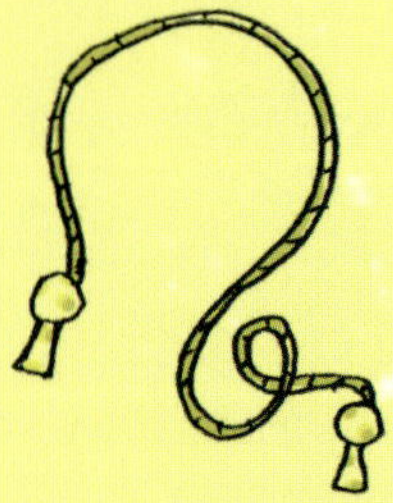

Les vraies cordes sont meilleures car plus souples et plus lourdes que les cordes en plastique.

But du jeu : ne pas se prendre les pieds dans la corde à sauter

Joueurs : 1 ou 2

PETITE CORDE

Seul

À pieds joints, en avant, en arrière, pieds croisés.

Au galop : en sautant et en courant à la fois.

La croix : 1 saut bras croisés, 1 saut bras décroisés.

Le voici-voilà : saut, passage à gauche, saut, passage à droite.

À deux

Je t'invite.
Le premier saute en comptant.

À 6, l'autre entre dans la corde. Rentrer par-devant face à face.

Rentrer par-derrière côte à côte.

GRANDE CORDE

Les sauteurs entrent 1 par 1, ils font la queue.

Huile : la corde tourne tranquillement.

Vinaigre : la corde tourne de plus en plus vite.

Salade : la corde tourne plus haut et le sauteur doit passer 1 fois en dessous (accroupi), 1 fois au-dessus.

Le train : les sauteurs entrent 1 par 1, mais restent tous dans la corde.

Le coupe-cheville : un joueur tient la corde par une extrémité et la fait tourner en cercle, les autres sautent à son passage.

Le serpent : les 2 tourneurs font onduler la corde comme un serpent.

Avec une chanson d'amour

« Mademoiselle Lilou est la préférée
De Monsieur Oscar qui veut l'épouser.
Si c'est oui, c'est de l'espérance,
Si c'est non, c'est de la souffrance
Un, deux, trois ! »

Les tourneurs accélèrent le mouvement et ponctuent chaque saut par un « oui », « non », « oui », « non ».

Si le sauteur rate sur un « oui », ce sera de l'espérance, s'il rate sur un « non », ce sera de la souffrance ! Ah, l'amour !

Il te faut

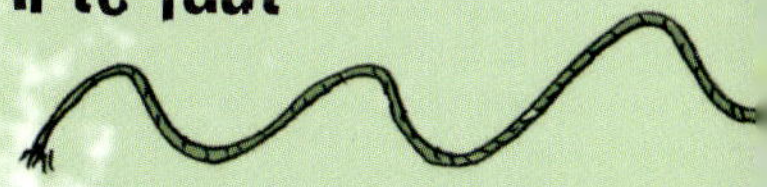

1 corde
de 3 à 4 mètres

But du jeu : ne pas se prendre les pieds dans la corde

Joueurs : 4 et plus

ASTUCE

On peut jouer à la grande corde à 2, en l'attachant à un banc par exemple.

JEUX DE RÉCRÉ

Il te faut

1 élastique de couture de 5 mètres

But du jeu : faire des figures avec l'élastique de plus en plus haut

Joueurs : 3 ou plus

Tu peux, bien sûr, inventer des tas d'autres figures.

L'ÉLASTIQUE

Deux joueurs tiennent l'élastique au niveau de leurs chevilles. Ils écartent un peu les pieds et reculent jusqu'à ce que l'élastique soit bien tendu.

1. Saute pieds joints par-dessus l'élastique sans le toucher. Si tu réussis, continue. Si tu perds, laisse ta place au deuxième joueur et mets-toi à l'élastique.

2. Place tes pieds joints sous un brin de l'élastique et saute de l'autre côté sans toucher l'autre brin. Arrivé de l'autre côté, saute pour libérer l'élastique.

3. Place-toi de profil. Saute pour avoir un pied entre les deux fils et un pied à l'extérieur. Saute pour placer le pied qui était entre les deux fils à l'extérieur et l'autre pied à l'intérieur. Sors comme tu le veux.

4. Saute pour placer un pied sur chaque brin de l'élastique. Saute en faisant demi-tour.

5. Écrase le premier brin avec un pied et glisse l'autre pied en-dessous. Saute pour te retrouver dans la position inverse sur le deuxième brin. Sors.

6. Quand le sauteur retrouve son tour, il reprend à l'étape qu'il n'avait pas réussie.

L'élastique magique

Le magicien place un élastique autour de son index et son majeur.
Lorsqu'il déplie ses doigts, l'élastique a sauté de doigts!

Il te faut

2 élastiques

But du jeu : étonner tes amis

Joueurs : 2

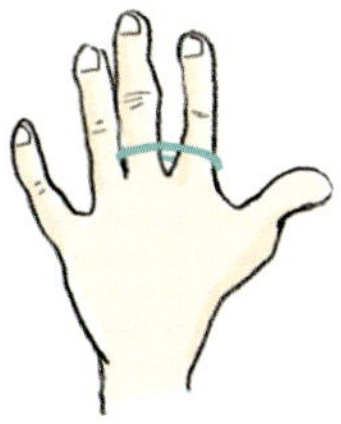

1. Enfile l'élastique sur ton index et ton majeur.

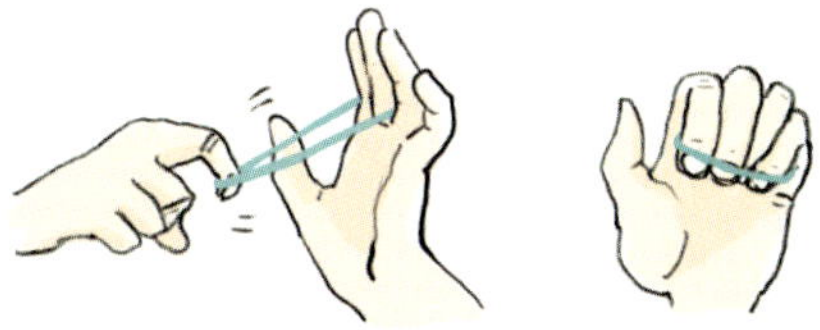

2. Tire l'élastique, plie les doigts et passe-les sous l'élastique.

3. Quand tu déplies les 4 doigts, l'élastique s'est déplacé sur l'auriculaire et l'annulaire.

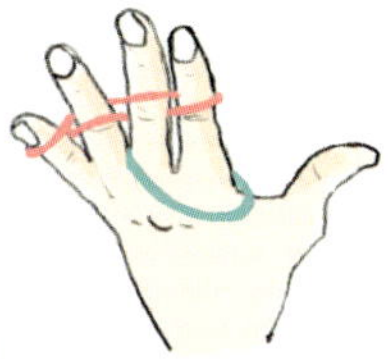

4. Encore plus fort ! Tu refais la même chose, mais avec un 2e élastique entrelacé dans les doigts. L'élastique est emprisonné !

Je le veux

1. Un spectateur tend ses index vers toi. Grâce à ton pouvoir, tu obliges ses deux doigts à se rapprocher.

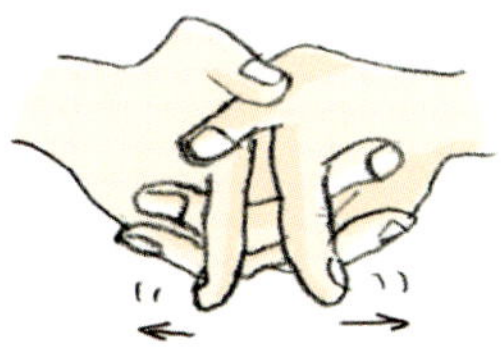

2. Demande au spectateur de croiser les doigts de ses deux mains, puis d'écarter le plus possible ses deux index.

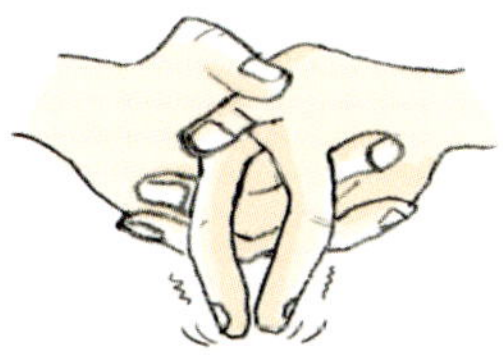

3. Fais des passes magiques autour de ses doigts en disant : « Tes doigts se rapprochent, je le veux, tu ne peux résister... »
Peu à peu, ses doigts vont se rapprocher contre sa volonté.

SECRET

Nos doigts sont incapables de tenir longtemps cette position. C'est une réaction normale de nos muscles.

LES BILLES

Il te faut

1 sac de billes

But du jeu :
gagner le plus de billes possible

Joueurs :
2 à 7

Le nom des billes en fonction de leur taille :

Les micro-billes.
Les mini-billes.
Les billes.
Les mini-calots.
Les calots.
Les mini-boulets.
Les boulets.
Les maxi-boulets.
Les mini-mammouths.
Les mammouths.
Les maxi-mammouths.

La croix

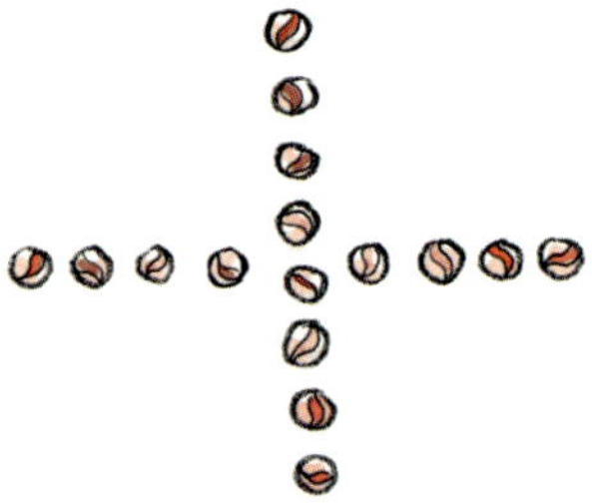

Dessine un grand cercle par terre.
Pose 16 billes en croix dans le cercle.

En restant derrière la ligne, essaie en tirant de faire sortir les billes du cercle.
Celles qui sortent sont gagnées.
Tu rejoues tant que tu réussis ton tir.

La pyramide

Lilou met quatre billes en jeu en les plaçant en pyramide (trois dessous, une dessus).

À 3 m, Manon essaye d'atteindre la pyramide. Si elle y arrive, les 4 billes vont dans sa poche. Si elle n'y arrive pas, elle perd la bille qu'elle vient de lancer.
Elle tire 3 billes, puis c'est à son tour de placer une pyramide au sol.

Le pot

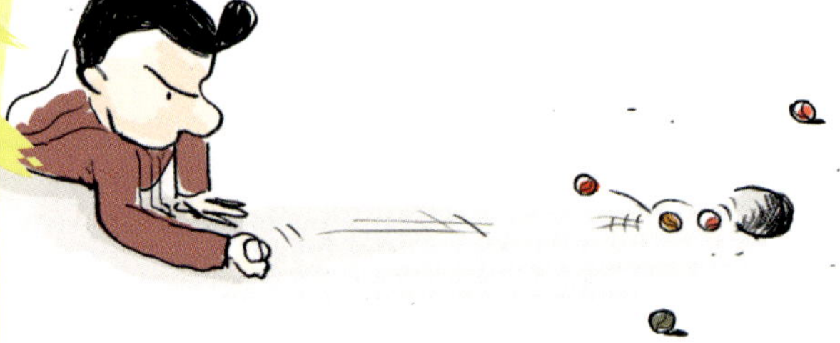

Creuse un petit trou (le pot).
Trace un rond de 3 m autour du trou.
Les joueurs se placent où ils veulent derrière le trait. Le premier joueur essaye d'envoyer sa bille dans le « pot ».

Le second joueur doit essayer soit d'envoyer sa bille dans le pot, soit de toucher une bille qui n'y serait pas entrée.
Chaque bille dans le pot gagne 10 points, chaque bille touchée gagne 5 points.
Théo a touché la bille de Lilou et les 2 billes tombent dans le trou.
Il gagne 25 points (10 + 10 + 5).
Le jeu s'arrête lorsque toutes les billes sont dans le pot.

Le circuit

Trace un circuit dans le sable avec obstacles, montées, descentes… et un trou à l'arrivée. Les joueurs prennent chacun une bille de couleur différente. À tour de rôle, il la font avancer à l'aide d'une pichenette.

La bille qui sort du circuit retourne au départ. Le premier qui tombe dans le trou d'arrivée a gagné.

TRUC

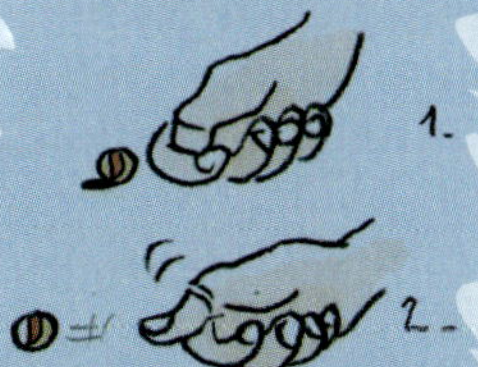

La pichenette, c'est projeter la bille avec l'ongle du pouce.

Le plus près

Lilou lance une bille. Théo lance la sienne en essayant de la mettre la plus près possible de celle de Lilou mais sans la toucher, sinon il a perdu.

Si les deux billes sont suffisamment proches (moins que la distance entre le pouce et l'index écartés), alors Théo gagne la bille de Lilou, sinon Lilou joue et essaie de la rapprocher. Et ainsi de suite jusqu'à ce que l'une soit suffisamment près de l'autre.

On a retrouvé des billes à jouer dans les tombeaux égyptiens.

1, 2, 3 Soleil

Il te faut

1 mur

But du jeu :
toucher le mur sans être vu par la sentinelle

Joueurs :
3 et plus

1. Oscar est la sentinelle. Il se place debout face au mur. Les autres joueurs sont en ligne à environ 10 m derrière lui.

2. Oscar tape trois fois sur le mur en comptant « un, deux, trois » et, lorsqu'il dit « soleil », il se retourne.
Mais pendant qu'il avait le dos tourné, les autres en ont profité pour s'approcher du mur.

3. Si, en se retournant, Oscar voit un des joueurs bouger, il le renvoie à la ligne de départ.

4. C'est le cas de Lilou, emportée par son élan, qui fait un pas de trop.

5. Oscar se retourne face au mur :
un, deux, trois... Soleil !
En équilibre sur une jambe, Théo bascule et tombe. Renvoyé.
Un, deux, trois...

6. Manon fonce vers le mur et le touche.
Gagné ! ... Soleil !
Manon prend la place d'Oscar et devient sentinelle.

La Marelle

Il te faut

1 craie
1 palet ou 1 petite boîte en métal avec du sable dedans

But du jeu :
faire un parcours à cloche-pied

Joueurs :
seul ou à plusieurs

1. Dessine la marelle par terre avec une craie, ou trace-la avec un bâton sur le sable. La marelle se joue à cloche-pied, c'est-à-dire en sautant sur un pied.

2. Lance le palet dans la première case et saute directement dans la 2e, puis dans les autres cases jusqu'en haut. Dans les doubles cases, tu poses les 2 pieds. Ramasse le palet au retour.

3. Une fois revenue sur terre, lance le palet dans la case numéro 2 et ainsi de suite.

4. Si le palet s'arrête sur un trait ou dans une autre case, tu passes ton tour. Quand tu atteins le ciel, tu peux te reposer sur les 2 pieds.

ATTENTION
On ne doit pas sauter dans la case qui contient le palet. On ne doit jamais marcher sur les traits.

Variante 1

Au lieu de ramasser le palet, on doit le pousser du pied.

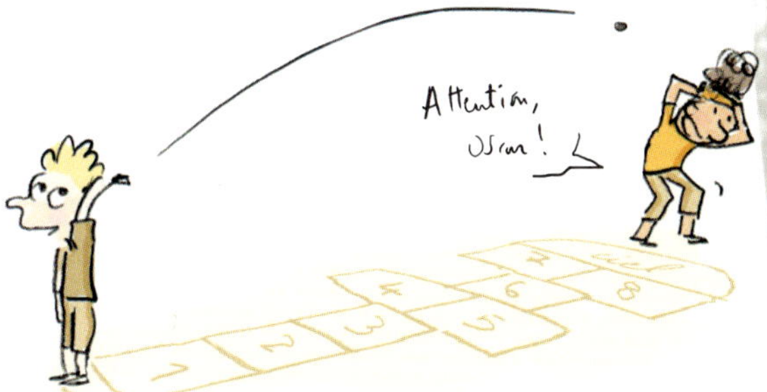

Variante 2

Quand tu as bouclé tout le parcours, retourne-toi et jette le palet par-dessus ton épaule. S'il tombe sur une case, elle devient ta maison. Tu y inscris tes initiales. Tu pourras y poser tes 2 pieds alors que les autres devront continuer à sauter par-dessus.

JEUX DE RÉCRÉ

Il te faut

1 mur
1 balle (la meilleure est une balle de tennis usée)

But du jeu :
être le plus habile

Joueurs :
2 ou plus

BALLE AU MUR

PAUME

1. Le premier joueur lance la balle qui doit faire un rebond à terre avant de toucher le mur.

2. Le second court vers la balle et tape dedans pour qu'elle fasse un rebond à terre puis contre le mur.
Et ainsi de suite, chacun à son tour.

3. Personne n'est éliminé durant le premier tour.
Les joueurs sont éliminés si la balle va directement contre le mur sans faire de rebond à terre ou si elle fait 2 rebonds avant de toucher le mur.

LES MOUCHES

1. Les joueurs sont assis en ligne.
Le lanceur de balle (Théo) leur fait face.

2. Théo lance la balle à Manon sans la prévenir. Manon rattrape la balle. Elle a gagné une mouche.

3. Manon relance la balle à Théo et garde ensuite les mains fermées pour que la mouche ne s'échappe pas. Elle ne devra les ouvrir que pour attraper à nouveau la balle.

4. Théo lance la balle à Oscar, qui ne la rattrape pas et n'a donc pas de mouche.

5. Théo fait semblant de relancer la balle à Manon qui ouvre les mains pour la rattraper. Sa mouche s'échappe.

Il te faut

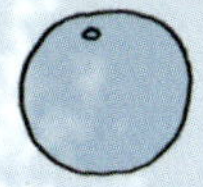

1 balle

But du jeu :
attraper les mouches et les garder

Joueurs :
au moins 4

Cinq mouches dans les mains et c'est gagné !

Il te faut

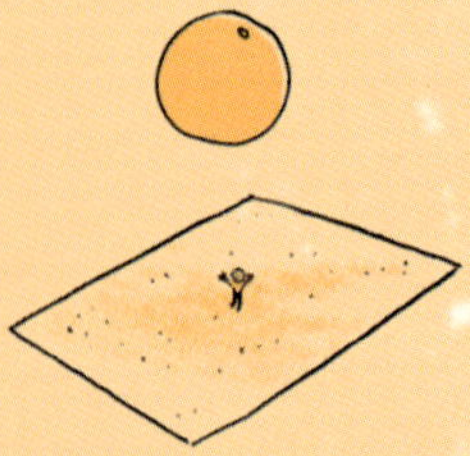

1 ballon
1 grand terrain

But du jeu :
faire prisonniers tous les joueurs de l'autre équipe

Joueurs :
10 ou plus
en 2 équipes

LA BALLE AU PRISONNIER

1. Tracez le terrain formé de 4 rectangles. Les joueurs ne doivent pas dépasser les limites du terrain.

2. Théo tire sur un joueur de l'autre équipe : Manon. S'il touche Manon, elle va en prison.

3. Si Manon rattrape le ballon soit directement, soit après qu'il a touché le sol, elle peut immédiatement tirer sur l'équipe de Théo.

4. Un prisonnier peut rattraper le ballon. Il se libère de prison s'il touche un adversaire.

TRUC
Il est intéressant de lancer directement le ballon à ses prisonniers pour qu'ils se libèrent.

LA BALLE AU PRISONNIER SANS BALLE

Se joue sur le même terrain.
Pour commencer, chaque équipe envoie un joueur dans la prison de l'autre camp.

Il faut traverser le plus vite possible le camp adverse sans se faire toucher pour aller délivrer un prisonnier. Si tu y arrives, tu rejoins ton camp accompagné du prisonnier libéré.
Si tu es touché, tu vas directement en prison.

Il te faut

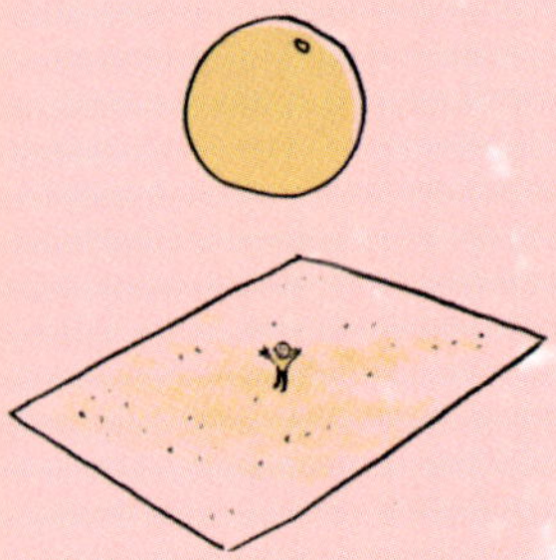

1 ballon assez léger
1 grand terrain

But du jeu :
être Dauphin
ou Dauphine

Joueurs :
6 ou plus

Dauphin dauphine

1. Les joueurs forment un cercle autour du porteur du ballon : Manon.

2. Manon lance le ballon en l'air en prononçant le nom d'un des joueurs.

3. Théo essaie d'attraper le ballon tandis que les autres courent le plus loin possible.

4. Si Théo rattrape le ballon avant qu'il touche terre, il le relance en l'air et prononce le nom d'un autre joueur.

5. Si Théo le rattrape après qu'il a touché terre, il crie « stop ». Tout le monde s'arrête et plus personne ne bouge.

6. Théo a le droit de faire 3 pas pour se rapprocher le plus possible d'un des joueurs afin de le toucher avec le ballon.

7. Le joueur n'a pas le droit de bouger les pieds, mais il peut se baisser pour ne pas se faire toucher ou rattraper le ballon.
Si il est touché, il est éliminé.
Mais si Théo le rate, c'est lui qui est éliminé.

8. Le dernier joueur restant est le gagnant, il devient Dauphin ou Dauphine.
Dans la prochaine partie, les autres joueurs devront l'appeler ainsi.
S'il se fait toucher, il n'est pas éliminé car il a « une vie ».

GRANDS JEUX

LES GENDARMES ET LES VOLEURS

Il te faut

des copains

But du jeu :
arrêter tous les voleurs… ou échapper aux gendarmes

Joueurs :
10 et plus répartis en 2 équipes

1. Divisez-vous en 2 groupes : les gendarmes et les voleurs.

2. Les gendarmes se lancent à la poursuite des voleurs. Ils ramènent en prison tous ceux qu'ils touchent.

3. Les prisonniers forment une chaîne en se donnant la main.

4. Un voleur en liberté peut délivrer ses compères en coupant la chaîne. Les voleurs de la partie coupée de la chaîne s'échappent et sont à nouveau libres.

L'ÉPERVIER

1. Les moineaux sont alignés sur un côté de la cour. L'épervier rôde de l'autre côté.

2. Au cri d'un des moineaux : « Attention l'épervier ! Sortez tous ! », les moineaux traversent la cour pour se réfugier le long du mur opposé. Mais il leur faut éviter l'épervier affamé.

3. Dès que l'épervier attrape un moineau, il grossit. C'est-à-dire que dès qu'il touche un moineau, il lui donne la main et, ensemble, ils chassent les autres moineaux.

4. Après un certain nombre de captures, ils forment une longue chaîne dont seules les 2 mains libres des 2 extrémités peuvent toucher les moineaux vivants.

5. Une fois qu'on a quitté un mur, on ne peut pas faire demi-tour. Le gagnant est le dernier moineau.

Il te faut

des copains

But du jeu :
ne pas se faire manger par l'épervier

Joueurs :
8 ou plus

JEUX DE JARDIN

Il te faut

des pommes
1 bassine
de la ficelle

But du jeu :
croquer la pomme

Joueurs :
2 et plus

JEU DE POMMES

Pommes flottantes

Les mains dans le dos, les enfants doivent attraper avec les dents les pommes qui flottent dans une bassine.

Pommes pendues

Les pommes sont percées, attachées avec une ficelle et suspendues en l'air. Là aussi, il faut essayer de croquer dans la pomme.

ASTUCE

Pousse la pomme en avant et croque-la quand elle revient vers toi.

Pommes-front

Les 2 joueurs, face à face, tiennent une pomme entre leurs fronts. Ils doivent franchir la ligne d'arrivée sans toucher la pomme de leurs mains et sans la faire tomber.

LE BÉRET

1. Tracez au sol 2 lignes distantes de 10-15 m. Formez 2 équipes et choisissez un arbitre.

2. Dans chaque équipe, les joueurs sont numérotés de 1 à… Le béret est placé entre les 2 lignes.

3. L'arbitre appelle un numéro. Les 2 joueurs portant ce numéro se précipitent sur le béret, une main dans le dos.

4. Chacun va tenter d'attraper le béret et de le ramener dans son camp sans être touché par l'autre.

5. Si le joueur retourne dans son camp sans être touché, son équipe marque un point. S'il est touché, c'est l'équipe adverse qui marque.

Il te faut

1 béret ou 1 chapeau, 1 foulard, 1 bonnet…

But du jeu : attraper le béret sans se faire toucher

Joueurs : 7 ou plus

L'arbitre peut choisir d'appeler plusieurs numéros. S'il appelle tout le monde, il dit « salade »… Pagaille assurée !

LA TORPILLE

Il te faut

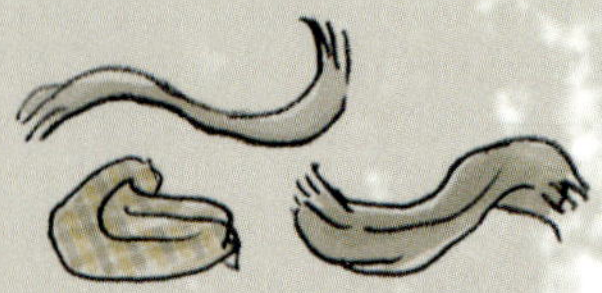

des foulards ou des mouchoirs pour bander les yeux de chaque joueur

But du jeu :
couler le sous-marin adversaire

Joueurs :
2 équipes de 4 au minimum

1. Les joueurs forment 2 sous-marins. Ils ont les yeux bandés, sauf le dernier. C'est lui le pilote qui guide le sous-marin.

2. Les signaux sont transmis de joueur en joueur jusqu'au premier.

Les ordres du pilote :

Avancer :
une tape sur les 2 épaules
Arrêter :
deux tapes sur les épaules
Tourner à gauche :
une tape sur l'épaule gauche
Tourner à droite :
une tape sur l'épaule droite
Lancer une torpille :
les mains autour du cou.

3. Lorsque le premier reçoit le signal de la torpille, il se détache, les mains en avant et fonce tout droit. S'il touche le sous-marin adverse, il le coule.

4. Sinon, il disparaît dans le décor et le 2e joueur du sous-marin devient la future torpille.

La Chandelle

1. Les joueurs forment un grand cercle.

2. Lilou, le foulard à la main, tourne autour du cercle. En courant, elle dépose discrètement le foulard derrière Manon.

3. Manon prend le foulard et se lance à la poursuite de Lilou. Mais Lilou a fini le tour et pris la place de Manon.

4. Manon tourne à son tour. Elle pose le foulard derrière Théo. Celui-ci bondit et la rattrape.

5. Manon devient la chandelle. Elle se tient debout au milieu du cercle. Théo tourne et dépose le foulard derrière Oscar. Oscar rêve, Théo fait un tour complet avant de le taper dans le dos en criant « chandelle ». Oscar devient chandelle et prend la place de Manon.

6. Théo peut déposer le foulard derrière Oscar, la chandelle. Si Oscar ne rattrape pas Théo à temps, il retourne au centre du cercle, mais cette fois, il doit garder un bras levé. S'il perd encore, il devra lever les 2 bras, puis la jambe.

Il te faut

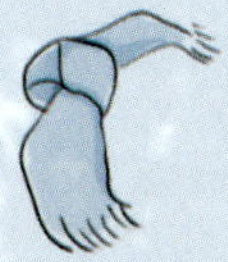

1 foulard ou un autre morceau de tissu noué en boule

But du jeu :
ne pas être chandelle

Joueurs :
6 ou plus

VARIANTE

Les joueurs forment un cercle, à genoux, dos tourné vers l'intérieur et bras levés.
Le coureur fait le tour du cercle en frôlant du mouchoir les mains des joueurs. Celui qui l'attrape devient le coureur.

JEUX DE CHAT

Il te faut

des copains

But des jeux
ne pas se faire toucher par le chat

Joueurs :
4 et plus

Chat

Le chat compte jusqu'à 10 avant de poursuivre les souris qui courent dans tous les sens. S'il en touche une, elle devient le chat.

Chat blessé

Lorsque le chat touche une souris, elle devient chat, mais doit garder une main à l'endroit où elle a été touchée. Le chat est délivré de sa blessure lorsqu'il touche une souris.

IDÉE
Si ta souris est trop rapide pour toi, tu peux t'arranger pour qu'une autre souris passe involontairement entre toi et ta proie. Comme tu as choisi une souris moins rapide que la première, tu l'attrapes facilement.

Chat coupé

Le chat poursuit une souris. Si une autre souris passe entre le chat et sa proie, c'est elle que le chat doit maintenant poursuivre.

Chat baissé

Si la souris est sur le point de se faire attraper, elle peux s'accroupir. Le chat ne peut plus la toucher. Mais pour pouvoir se relever, elle doit attendre qu'une autre souris saute par-dessus son dos.

Chat américain

Les souris touchées doivent rester immobiles et écarter les jambes de façon à ce que les autres souris qui n'ont pas encore été touchées puissent les délivrer en passant entre leurs jambes.

Chat perché

Le chat crie : « Le dernier perché y est ! » Pour ne pas être attrapé, il faut grimper sur quelque chose ou se suspendre… mais pas trop longtemps. Au bout d'un moment, le chat peut miauler ou dire : « Changez ! ».

Il te faut

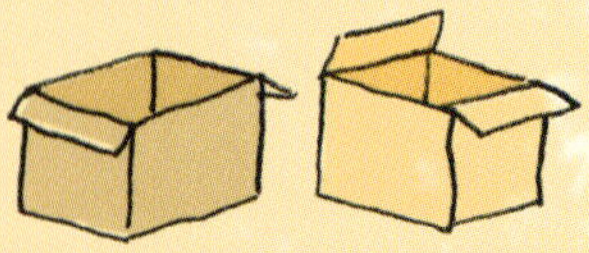

1 carton par joueur
+ 1 carton par équipe

But du jeu :
être le plus rapide

Joueurs :
4 et plus

Les chutes étant nombreuses, ces courses se font de préférence sur l'herbe, la terre ou le sable.

Courses

Course de cartons

1. Les 2 équipes sont sur la ligne de départ. Les joueurs ont leur carton en main.

2. C'est parti ! Le premier, Théo pose son carton et monte dedans. Le 2e, Oscar, lui donne son carton.

3. Théo le place devant lui et passe dedans.

4. Oscar monte dans le premier carton. Lilou passe son carton à Oscar, qui le passe à Théo, qui monte dedans. Et ainsi de suite…

5. L'équipe a gagné lorsque tous ses cartons ont passé la ligne d'arrivée. Il est interdit de poser un pied à l'extérieur des cartons.

Course d'échasses

Pour préparer les échasses, il faut faire 2 trous dans le fond des boîtes de conserve.
Passe la corde dans les 2 trous, ajuste la longueur et fais un nœud.
Chacun monte sur ses échasses pour faire la course.

Le joueur qui pose le pied à terre retourne au départ.

Il te faut

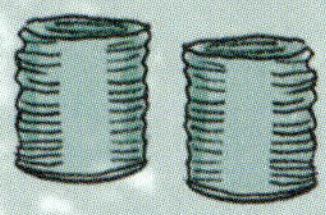

2 boîtes de conserves vides
4 m de corde par joueur

But du jeu :
foncer sans tomber

Joueurs :
au moins 2

Course de sacs

Chaque « coureur » se met dans un grand sac poubelle. On trace une ligne de départ et d'arrivée. Le premier qui franchit la ligne d'arrivée a gagné.
On peut aussi jouer en équipes.

Il te faut

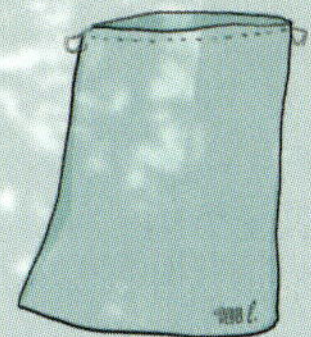

de grands sacs poubelle

Course de siamois

Les concurrents sont attachés 2 par 2 par une jambe.

Les jambes des 2 partenaires sont attachées par une écharpe ou tout autre tissu au niveau de la cuisse et du mollet.

Il te faut

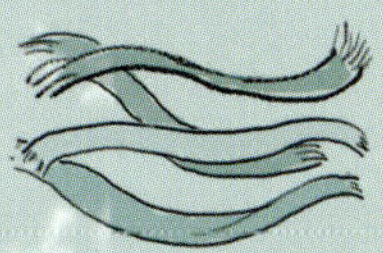

des écharpes

Joueurs :
4 et plus

JEUX D'EAU

Il te faut

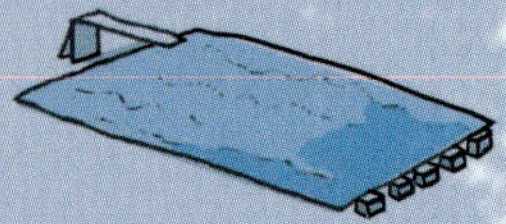

1 piscine
et des copains

But du jeu :
courses et chats
dans la piscine

Joueurs :
4 et plus

À LA PISCINE

Le requin blessé

Lorsque le requin touche un pingouin, le pingouin devient requin, mais doit garder une main à l'endroit où il a été touché. Le requin est délivré de sa blessure lorsqu'il touche un pingouin. Il redevient alors pingouin.

Le requin blanc

Le requin nage au centre de la piscine. Alignés sur l'un des bords, les pingouins plongent et tentent de rejoindre l'autre bord sans se faire dévorer. Le dévoré prend la place du requin.

La grenouille

Les grenouilles sont en file indienne, l'eau jusqu'à la taille, les jambes écartées. La première plonge sous l'eau, passe entre les jambes de toute la file et refait surface au bout de la queue. Et ainsi de suite.

Pour corser le jeu, faites des parcours.

Les cavaliers

Dans le petit bassin, chacun monte sur les épaules d'un copain et essaie de désarçonner les autres.

Force 7

Dans le petit bain, chacun court d'un bord à l'autre en soufflant sur une balle de ping-pong pour la faire avancer.

La pétanque aquatique

Elle se joue au fond de l'eau avec des boules en platique. Lunettes conseillées.

Ne pas jouer si le fond est en pente.

Dans une petite piscine ronde : tournez tous dans le même sens en longeant les bords. Vous créez un puissant courant.

Il te faut

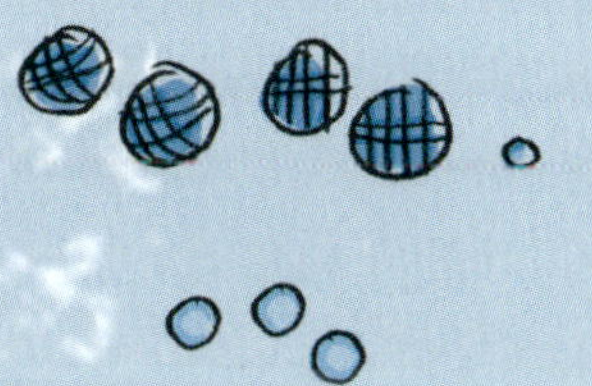

des boules de pétanque en plastique
des balles de ping-pong

INDEX